心一堂術

數古籍珍

本叢刊

書名：心眼指要（清刻原本）

系列：心一堂術數古籍珍本叢刊　第二輯　堪輿類　無常派玄空珍秘　199

作者：【清】孫竹田、沈鈞生等原著、【清】章仲山輯注

主編、責任編輯：陳劍聰

心一堂術數古籍珍本叢刊編校小組：陳劍聰　素聞　梁松盛　鄒偉才　虛白盧主、

出版：心一堂有限公司

地址／門市：香港九龍旺角西洋菜南街五號好望角大廈一〇〇三室

電話號碼：+852-6715-0840　+852-6633-7949

網址：sunyata.cc

電郵：sunyatabook@gmail.com

網上書店：http://book.sunyata.cc

網上論壇：http://bbs.sunyata.cc/

版次：二零一七年九月初版

平裝

定價：港幣　　一百九十八元正

　　　新台幣　　七百五十元正

國際書號：ISBN 978-988-8317-80-6

版權所有　翻印必究

香港及海外發行：香港聯合書刊物流有限公司

地址：香港新界大埔汀麗路三十六號中華商務印刷大廈三樓

電話號碼：+852-2150-2100

傳真號碼：+852-2407-3062

電郵：info@suplogistics.com.hk

台灣發行：秀威資訊科技股份有限公司

地址：台灣台北市內湖區瑞光路七十六巷六十五號一樓

電話號碼：+886-2-2796-3638

傳真號碼：+886-2-2796-1377

網絡書店：www.bodbooks.com.tw

台灣讀者服務中心：國家書店

地址：台灣台北市中山區松江路二〇九號一樓

電話號碼：+886-2-2518-0207

傳真號碼：+886-2-2518-0778

網絡書店：http://www.govbooks.com.tw/

中國大陸發行・零售：心一堂書店

深圳地址：中國深圳羅湖立新路六號東門博雅負一層零零八號

電話號碼：+86-755-8222-4934

北京地址：中國北京東城區雍和宮大街四十號

心一店淘寶網：http://sunyatacc.taobao.com

心一堂術數古籍　珍本　整理　叢刊　總序

術數定義

術數，大概可謂以「推算（推演）、預測人（個人、群體、國家等）、事、物、自然現象、時間、空間方位等規律及氣數，並或通過種種『方術』，從而達致趨吉避凶或某種特定目的」之知識體系和方法。

術數類別

我國術數的內容類別，歷代不盡相同，例如《漢書‧藝文志》中載，漢代術數有六類：天文、曆譜、五行、蓍龜、雜占、形法。至清代《四庫全書》，術數類則有：數學、占候、相宅相墓、占卜、命書、相書、陰陽五行、雜技術等，其他如《後漢書‧方術部》、《藝文類聚‧方術部》、《太平御覽‧方術部》等，對於術數的分類，皆有差異。古代多把天文、曆譜、及部分數學均歸入術數類，而民間流行亦視傳統醫學作為術數的一環；此外，有些術數與宗教中的方術亦往往難以分開。現代民間則常將各種術數歸納為五大類別：命、卜、相、醫、山，通稱「五術」。

本叢刊在《四庫全書》的分類基礎上，將術數分為九大類別：占筮、星命、相術、堪輿、選擇、三式、讖諱、理數（陰陽五行）、雜術（其他）。而未收天文、曆譜、算術、宗教方術、醫學。

術數思想與發展──從術到學，乃至合道

我國術數是由上古的占星、卜筮、形法等術發展下來的。其中卜筮之術，是歷經夏商周三代而通過「龜卜、蓍筮」得出卜（筮）辭的一種預測（吉凶成敗）術，之後歸納並結集成書，此即現傳之《易

經》。經過春秋戰國至秦漢之際，受到當時諸子百家的影響、儒家的推崇，遂有《易傳》等的出現，原本是卜筮術書的《易經》，被提升及解讀成有包涵「天地之道（理）」之學。因此，《易•繫辭傳》曰：「易與天地準，故能彌綸天地之道。」

漢代以後，易學中的陰陽學說，與五行、九宮、干支、氣運、災變、律曆、卦氣、讖緯、天人感應說等相結合，形成易學中象數系統。而其他原與《易經》本來沒有關係的術數，如占星、形法、選擇，亦漸漸以易理（象數學說）為依歸。《四庫全書•易類小序》云：「術數之興，多在秦漢以後。要其旨，不出乎陰陽五行，生尅制化。實皆《易》之支派，傅以雜說耳。」至此，術數可謂已由「術」發展成「學」。

及至宋代，術數理論與理學中的河圖洛書、太極圖、邵雍先天之學及皇極經世等學說給合，通過術數以演繹理學中「天地中有一太極，萬物中各有一太極」（《朱子語類》）的思想。術數理論不單已發展至十分成熟，而且也從其學理中衍生一些新的方法或理論，如《梅花易數》、《河洛理數》等。

在傳統上，術數功能往往不止於僅作為趨吉避凶的方術，及「能彌綸天地之道」的學問，亦有其「修心養性」的功能，「與道合一」（修道）的內涵。《素問•上古天真論》：「上古之人，其知道者，法於陰陽，和於術數。」數之意義，不單是外在的算數、歷數、氣數，而是與理學中同等的「道」、「理」—心性的功能，北宋理氣家邵雍對此多有發揮：「聖人之心，是亦數也」、「萬化萬事生乎心」、「心為太極」。《觀物外篇》：「先天之學，心法也。……蓋天地萬物之理，盡在其中矣，心一而不分，則能應萬物。」反過來說，宋代的術數理論，受到當時理學、佛道及宋易影響，認為心性本質上是等同天地之太極。天地萬物氣數規律，能通過內觀自心而有所感知，即是內心也已具備有術數的推演及預測、感知能力；相傳是邵雍所創之《梅花易數》，便是在這樣的背景下誕生。

《易•文言傳》已有「積善之家，必有餘慶；積不善之家，必有餘殃」之說，至漢代流行的災變說及讖緯說，我國數千年來都認為天災，異常天象（自然現象），皆與一國或一地的施政者失德有關；下

至家族、個人之盛衰，也都與一族一人之德行修養有關。因此，我國術數中除了吉凶盛衰理數之外，人心的德行修養，也是趨吉避凶的一個關鍵因素。

術數與宗教、修道

在這種思想之下，我國術數不單只是附屬於巫術或宗教行為的方術，又往往是一種宗教的修煉手段–通過術數，以知陰陽，乃至合陰陽（道）。「其知道者，法於陰陽，和於術數。」例如，「奇門遁甲」術中，即分為「術奇門」與「法奇門」兩大類。「法奇門」中有大量道教中符籙、手印、存想、內煉的內容，是道教內丹外法的一種重要外法修煉體系。甚至在雷法一系的修煉上，亦大量應用了術數內容。此外，相術、堪輿術中也有修煉望氣（氣的形狀、顏色）的方法；堪輿家除了選擇陰陽宅之吉凶外，也有道教中選擇適合修道環境（法、財、侶、地中的地）的方法，以至通過堪輿術觀察天地山川陰陽之氣，亦成為領悟陰陽金丹大道的一途。

易學體系以外的術數與的少數民族的術數

我國術數中，也有不用或不全用易理作為其理論依據的，如揚雄的《太玄》、司馬光的《潛虛》。也有一些占卜法、雜術不屬於《易經》系統，不過對後世影響較少而已。

外來宗教及少數民族中也有不少雖受漢文化影響（如陰陽、五行、二十八宿等學說。）但仍自成系統的術數，如古代的西夏、突厥、吐魯番等占卜及星占術、藏族中有多種藏傳佛教占卜術、苯教占卜術；北方少數民族有薩滿教占卜術；不少少數民族如水族、白族、布朗族、佤族、彝族、苗族等，皆有占雞（卦）草卜、雞蛋卜等術，納西族的占星術、占卜術，彝族畢摩的推命術、占卜術……等等，都是屬於《易經》體系以外的術數。相對上，外國傳入的術數以及其理論，對我國術數影響更大。

曆法、推步術與外來術數的影響

我國的術數與曆法的關係非常緊密。早期的術數中，很多是利用星宿或星宿組合的位置（如某星在某州或某宮某度）付予某種吉凶意義，并據之以推演，例如歲星（木星）、月將（某月太陽所躔之宮次）等。不過，由於不同的古代曆法推步的誤差及歲差的問題，若干年後，其術數所用之星辰的位置，已與真實星辰的位置不一樣了；此如歲星（木星），早期的曆法及術數以十二年為一周期（以應地支），與木星真實週期十一點八六年，每幾十年便錯一宮。後來術家又設一「太歲」的假想星體來解決，是歲星運行的相反，週期亦剛好是十二年。而術數中的神煞，很多即是根據太歲的位置而定。又如六壬術中的「月將」，原是立春節氣後太陽躔娵訾之次而稱作「登明亥將」，至宋代，因歲差的關係，要到雨水節氣後太陽才躔娵訾之次，當時沈括提出了修正，但明清時六壬術中「月將」仍然沿用宋代沈括修正的起法沒有再修正。

由於以真實星象周期的推步術是非常繁複，而且古代星象推步術本身亦有不少誤差，大多數術數除依曆書保留了太陽（節氣）、太陰（月相）的簡單宮次計算外，漸漸形成根據干支、日月等的各自起例，以起出其他具有不同含義的眾多假想星象及神煞系統。唐宋以後，我國絕大部分術數都主要沿用這一系統，也出現了不少完全脫離真實星象的術數，如《子平術》、《紫微斗數》、《鐵版神數》等。後來就連一些利用真實星辰位置的術數，如《七政四餘術》及選擇法中的《天星選擇》，也已與假想星象及神煞混合而使用了。

隨着古代外國曆（推步）、術數的傳入，如唐代傳入的印度曆法及術數，元代傳入的回回曆等，其中我國占星術便吸收了印度占星術中羅睺星、計都星等而形成四餘星，又通過阿拉伯占星術而吸收了其中來自希臘、巴比倫占星術的黃道十二宮、四大（四元素）學說（地、水、火、風），並與我國傳統的二十八宿、五行說、神煞系統並存而形成《七政四餘術》。此外，一些術數中的北斗星名，不用我國傳統的星名：天樞、天璇、天璣、天權、玉衡、開陽、搖光，而是使用來自印度梵文所譯的：貪狼、巨

門、祿存、文曲、廉貞、武曲、破軍等，此明顯是受到唐代從印度傳入的曆法及占星術所影響。如星命術中的《紫微斗數》及堪輿術中的《撼龍經》等文獻中，其星皆用印度譯名。及至清初《時憲曆》，置閏之法則改用西法「定氣」。清代以後的術數，又作過不少的調整。

此外，我國相術中的面相術、手相術，唐宋之際受印度相術影響頗大，至民國初年，又通過翻譯歐西、日本的相術書籍而大量吸收歐西相術的內容，形成了現代我國坊間流行的新式相術。

陰陽學──術數在古代、官方管理及外國的影響

術數在古代社會中一直扮演着一個非常重要的角色，影響層面不單只是某一階層、某一職業、某一年齡的人，而是上自帝王，下至普通百姓，從出生到死亡，不論是生活上的小事如洗髮、出行等，大事如建房、入伙、出兵等，從個人、家族以至國家，從天文、氣象、地理到人事、軍事，從民俗、學術到宗教，都離不開術數的應用。我國最晚在唐代開始，已把以上術數之學，稱作陰陽（學），行術數者稱陰陽人。（敦煌文書、斯四三二七唐《師師漫語話》：「以下說陰陽人謾語話」，此說法後來傳入日本，今日本人稱行術數者為「陰陽師」）。一直到了清末，欽天監中負責陰陽術數的官員中，以及民間術數之士，仍名陰陽生。

古代政府的中欽天監（司天監），除了負責天文、曆法、輿地之外，亦精通其他如星占、選擇、堪輿等術數，除在皇室人員及朝庭中應用外，也定期頒行日書、修定術數，使民間對於天文、日曆用事吉凶及使用其他術數時，有所依從。

我國古代政府對官方及民間陰陽學及陰陽官員，從其內容、人員的選拔、培訓、認證、考核、律法監管等，都有制度。至明清兩代，其制度更為完善、嚴格。

宋代官學之中，課程中已有陰陽學及其考試的內容。（宋徽宗崇寧三年〔一一零四年〕崇寧算學令：「諸學生習……並曆算、三式、天文書。」「諸試……三式即射覆及預占三日陰陽風雨。天文即預

定一月或一季分野災祥，並以依經備草合問為通。」

金代司天臺，從民間「草澤人」（即民間習術數人士）考試選拔：「其試之制，以《宣明曆》試推步，及《婚書》、《地理新書》試合婚、安葬，並《易》筮法，六壬課、三命、五星之術。」（《金史》卷五十一・志第三十二・選舉一）

元代為進一步加強官方陰陽學對民間的影響、管理、控制及培育，除沿襲宋代、金代在司天監掌管陰陽學及中央的官學陰陽學課程之外，更在地方上增設陰陽學課程（《元史・選舉志一》：「世祖至元二十八年夏六月始置諸路陰陽學。」）地方上也設陰陽學教授員，培育及管轄地方陰陽人。（《元史・選舉志一》：「（元仁宗）延祐初，令陰陽人依儒醫例，於路、府、州設教授員，凡陰陽人皆管轄之，而上屬於太史焉。」）自此，民間的陰陽術士（陰陽人），被納入官方的管轄之下。

至明清兩代，陰陽學制度更為完善。中央欽天監掌管陰陽學，明代地方縣設陰陽學正術，各州設陰陽學典術，各縣設陰陽學訓術。陰陽人從地方陰陽學肄業或被選拔出來後，再送到欽天監考試。（《大明會典》卷二二三：「凡天下府州縣舉到陰陽人堪任正術等官者，俱從吏部送（欽天監），考中，送回選用；不中者發回原籍為民，原保官吏治罪。」）清代大致沿用明制，凡陰陽術數之流，悉歸中央欽天監及地方陰陽官員管理、培訓、認證。至今尚有「紹興府陰陽印」、「東光縣陰陽學記」等明代銅印，及某某縣某某之清代陰陽執照等傳世。

清代欽天監漏刻科對官員要求甚為嚴格。《大清會典》「國子監」規定：「凡算學之教，設肄業生。滿洲十有二人，蒙古、漢軍各六人，於各旗官學內考取。漢十有二人，於舉人、貢監生童內考取。」學生在官學肄業、貢監生肄業或考得舉人引見以欽天監博士用，貢監生考得舉人後，經過了五年對天文、算法、陰陽學的學習，其中精通陰陽術數者，會送往漏刻科。而在欽天監供職的官員，《大清會典則例》「欽天監」規定：「本監官生三年考核一次，術業精通者，保題升用。不及者，停其升轉，再加學習。如能黽

勉供職，即予開復。仍不及者，降職一等，再令學習三年，能習熟者，准予開復，仍不能者，黜退。」除定期考核以定其升用降職外，《大清律例》中對陰陽術士不準確的推斷（妄言禍福）是要治罪的。《大清律例‧一七八‧術七‧妄言禍福》：「凡陰陽術士，不許於大小文武官員之家妄言禍福，違者杖一百。其依經推算星命卜課，不在禁限。」大小文武官員延請的陰陽術士，自然是以欽天監漏刻科官員或地方陰陽官員為主。

官方陰陽學制度也影響鄰國如朝鮮、日本、越南等地，一直到了民國時期，鄰國仍然沿用着我國的多種術數。而我國的漢族術數，在古代甚至影響遍及西夏、突厥、吐蕃、阿拉伯、印度、東南亞諸國。

術數研究

術數在我國古代社會雖然影響深遠，「是傳統中國理念中的一門科學，從傳統的陰陽、五行、九宮、八卦、河圖、洛書等觀念作大自然的研究。……傳統中國的天文學、數學、煉丹術等，要到上世紀中葉始受世界學者肯定。可是，術數還未受到應得的注意。術數在傳統中國科技史、思想史，文化史、社會史，甚至軍事史都有一定的影響。……更進一步了解術數，我們將更能了解中國歷史的全貌。」（何丙郁《術數、天文與醫學中國科技史的新視野》，香港城市大學中國文化中心。）

可是術數至今一直不受正統學界所重視，加上術家藏秘自珍，又揚言天機不可洩漏，「（術數）乃吾國科學與哲學融貫而成一種學說，數千年來傳衍嬗變，或隱或現，全賴一二有心人為之繼續維繫，賴以不絕，其中確有學術上研究之價值，非徒癡人說夢，荒誕不經之謂也。其所以至今不能在科學中成立一種地位者，實有數因。蓋古代士大夫階級目醫卜星相為九流之學，多恥道之；而發明諸大師又故為恛恍迷離之辭，以待後人探索；間有一二賢者有所發明，亦秘莫如深，既恐洩天地之秘，復恐譏為旁門左道，始終不肯公開研究，成立一有系統說明之書籍，貽之後世。故居今日而欲研究此種學術，實一極困難之事。」（民國徐樂吾《子平真詮評註》，方重審序）

現存的術數古籍，除極少數是唐、宋、元的版本外，絕大多數是明、清兩代的版本。其內容也主要是明、清兩代流行的術數，唐宋或以前的術數及其書籍，大部分均已失傳，只能從史料記載、出土文獻、敦煌遺書中稍窺一鱗半爪。

術數版本

坊間術數古籍版本，大多是晚清書坊之翻刻本及民國書賈之重排本，其中豕亥魚魯，或任意增刪，往往文意全非，以至不能卒讀。現今不論是術數愛好者，還是民俗、史學、社會、文化、版本等學術研究者，要想得一常見術數書籍的善本、原版，已經非常困難，更遑論如稿本、鈔本、孤本等珍稀版本。

在文獻不足及缺乏善本的情況下，要想對術數的源流、理法、及其影響，作全面深入的研究，幾不可能。

有見及此，本叢刊編校小組經多年努力及多方協助，在海內外搜羅了二十世紀六十年代以前漢文為主的術數類善本、珍本、鈔本、孤本、稿本、批校本等數百種，精選出其中最佳版本，分別輯入兩個系列：

一、心一堂術數古籍珍本叢刊

二、心一堂術數古籍整理叢刊

前者以最新數碼（數位）技術清理、修復珍本原本的版面，更正明顯的錯訛，部分善本更以原色彩色精印，務求更勝原本。并以每百多種珍本、一百二十冊為一輯，分輯出版，以饗讀者。

後者延請、稿約有關專家、學者，以善本、珍本等作底本，參以其他版本，古籍進行審定、校勘、注釋，務求打造一最善版本，方便現代人閱讀、理解、研究等之用。

限於編校小組的水平，版本選擇及考證、文字修正、提要內容等方面，恐有疏漏及舛誤之處，懇請方家不吝指正。

心一堂術數古籍 珍本 叢刊編校小組

整理

二零零九年七月序

二零一四年九月第三次修訂

心眼指要

錫山章氏輯集訂定

可久堂藏板

自序

堪天道與地道堪與之道天地
之道也天气气地之形天依形
地附氣形為髒氣為用必須天
地合共德髒用合共宜方显密
頭理氣之正宗与奈細氣書難

多但知有地而不知有天妙其

用皆非獨有青囊天玉七元空

五行之法原本洛書九氣上應

北斗主宰天地運斡坤輿光垂

乾紀旋轉回時流通八國正是

理氣之宗祖因法之真論又因

一齊衆擡大元空之法竟失其

傳惜

國初蔣大鴻先生獨得之趨真

傳訣辨正及五歌辨器非虚道真

偽不下數十筆言處之申明天

玉青囊之所以慈兩於元空之

理幾乎湮矣無何百餘年朱謨

者又昧其解但知其所當避而

不知其所以避似是而非為害

莫甚　余　故作心眼指要以引之

又集諸名家言以導之俾世之

弓心斯道者方妻岐路之惑矣

道光十六年盂夏之期

無心道人識於種蓮盦

楓江柯學迎書

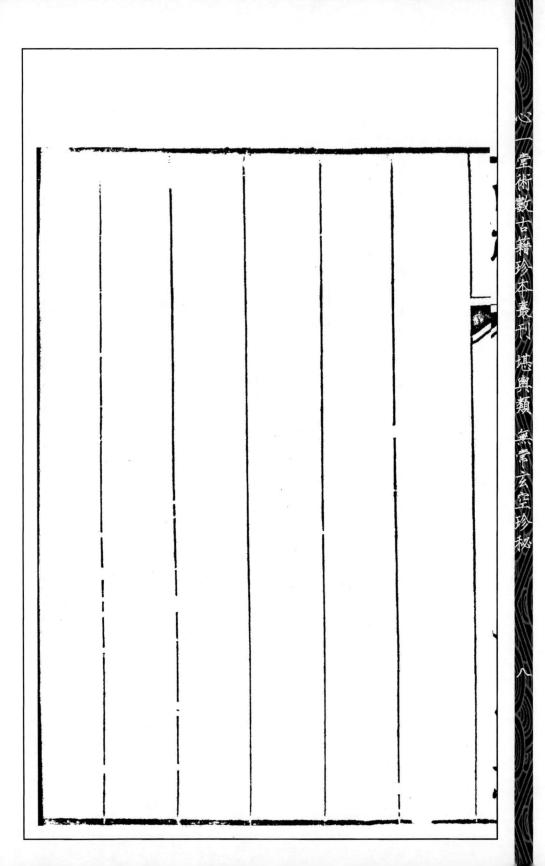

何久堂

山龍 幷圖

卷之四

平洋 幷圖

錫山無心道人集　　門人

桐鄉陳柳愚
長洲柯遠峰　同
元和錢荊山　　校
子　雲谷
孫　其煥

青囊內傳　即海角經又名三字青囊

天德純數迺遵理順逆萬機神六甲運五賦行法五子

遁入門布雷使察金精銜五氣攝九靈鋤叛逆超神英

星巒

方尖圓動直行崎嶇逶迤流平停四望歸八方層審向背

察內神避幽暗迎陽明

理氣

管三卦一卦通關天地定雌雄雙雙起在元空審卦氣

配九龍推三吉合八風互用窈分用通顛顛倒無呆宮

此書乃是地理書之祖即青囊天玉諸經皆出於此

世稱黃石公三字青囊者此也有正經星巒理氣三

星巒正經訛字尚少惟理氣一章真法失傳抄寫

之訛甚多并有不知其所以然乃牽逞胷臆而更改

者如是錯訛者竟十有八九矣　余今窃取楊曾之意

闓補之理氣之真詮使讀者細細玩索而有得焉

雲間蔣大鴻氏盤銘

天地定位陰陽迭更仰觀俯察河洛呈文先後八卦體

用咸明抽爻換象闔闢相尋五德為緯四七為經宮移

度改分秒殊情嗟彼庸術罔識權衡刪邪表正協古宜

今分元定卦測日推星天根月窟來往皆春

蔣公盤銘

俯察之理本乎洛背父母六子範十二支三爻成象位

黍于維三八品配道盡無遺後愚妄作淆亂日滋芟邪

表正易簡昭垂

式 盤 公 蔣

無極眞傳

宗陽氏

凡物必有體用由體立凡物必有用體由用神故有先

天即有後天先天爲體後天爲川此亦造化之至理也夫後天之

地爲體天爲川此乃萬物生生化化之機也夫後天之

數原本洛書上應北斗主宰天地周流六虛無所不至

此陰彼陽無時不易即二十四龍陰陽顚倒變化錯綜

都由於此順逆陰陽亦由乎此故曰理氣之正宗傳心

之至理也

闡天地之元機一陰陽盡之闢陰陽之閫奧一往來盡

之無往來則無陰陽無陰陽則無來何地落何宮之更

變知此則在在之陰陽自有在在之至理即九星雙起

自有雙起之元機矣

乾為父坤為母奇耦必本所生中爻一位則左右不患

出疆若卦之兩爻則東西正多歧路故必以父母為最

旺之龍亦必以父母為最清之氣出而不出三爻辨骨

相/真歧中有歧八國審交流之義俗術將二十四山

分作十二位分陰陽辨順逆者固以甚矣焉能知此平

大數經九易氣轉三元顛倒三八旋乾轉坤元空定卦

分星起星下卦之法都由北斗運行而使然也其法分

一二三四五六七八九爲三元至其陰陽順逆顚倒則

又隨時而在者也

夫定卦分元辨星審運此非臆造乃出自然蓋天元九

氣遞管樞機于支八卦統歸皇極則九星流轉三八顚

倒則陰不是陰陽不是陽倒地翻天故曰對不同在元

空然是法造物之所忌先師之所秘苟能曉得九星流

轉之機則一卦遍管三卦雙起之元關自能瞥見一斑

卦氣最嫌於雜故此收山納水務取清純而龍氣又病

於單故源泒當求滙合若使入神齊到氣水兼收再能

兼貪兼輔則上下三元三星六甲直達補救之法亦在

其中矣

法者繩墨也其用則工之巧也如乘時立穴之法苟非

兼顧星源則龍運未交先遭衰替盛時旣代便卽淩夷

又安能一元而兼得兩元龍力悠遠不替耶苟能裁前

得宜天元取輔人地兼貪卽出而不出之要訣亦可得

而知矣

天元之後卽接人元斯則六甲三分九星顛到八國轉

移要求諸卦之宗細認統龍之氣倒地翻天半出乎此

何位何宮亦由乎此

貪狼卽一白五行屬水先天爲乾後天爲坎數爲萬數
之始卦爲諸卦之首運值上元氣通八卦星氣和平施
力悠遠故此楊公有脉取更取之語然則兼貪已屬出
卦知此方知出而不出之妙用矣○道德經云天得一
以清地得一以寧神得一以靈穀得一以盈萬物得一
以生侯王得一以正由此觀之一之爲用大矣哉

夫五星者卽水火金木之五行也質行於地而氣行於

天故天有五星地有五行天有九星地有九宮夫九星

者即北斗中貪巨是也九宮者即坎坤震巽乾兌離艮

與中央也在地之九宮有此闔彼闢此一彼二陰陽奇

耦之殊此一彼二者以顯天心之所在也在天之九星

有躔子躔丑旋轉四時隨時顛倒之機躔子躔丑者正

司元氣之流行也然此法經四位而起父母者也經四

位而起父母由是二十四山陰陽不一顛倒無定苟能

曉得顛倒無定之陰陽方知陽在彼陰必在此之竅矣

一交會

龍眞穴的羣山四聚發祖之山過度之山莫不統會或

作應照或作關闌或作朝案骨肉一氣情意親切

二交喜

二水相會却如湖裏交鵝山有情水有意氣止水交形

上氣蓄之謂也

三交泰

四面情形却與主山枏稱不至主弱而賓強體得而用

失砂水無欺壓牽動之虞有澄淨安帖之趣

四交媾

可九堂

道其形曰交媾言其情曰雌雄交媾者是言山水有雌

雄交媾之真情也

五相見

所云相見者即是一山不論一山之陰陽而論與此山

相見之陰陽一水不論一水之陰陽而論與此水相見

之陰陽者是也陰陽相見有兩說一說是體一說是用

體之相見即是山水情形有賓主相迎相見之情狀此

義易知惟用之相見如山上排龍山上所得星辰要與

水裏所得星辰陰陽相見水裏排龍水裏所得星辰又

要與山上所得星辰往來相見相見者卽是陰陽動靜

配合生生之謂也

六冲和

冲和是言體得其體用得其用有陰陽動靜配合生生
之妙也

此兩節皆是點穴定向之元微冲和相見指體用之
盡善者而言也

右四爻及冲和相見言體言用乃隨身之至寶與廢
之攸關須口傳心授如昧此理幸勿妄爲自取禍害

仁人孝子宜究心焉按交會交喜者山與水交水與

山交交泰者指山水相交有悠悠自然之趨龍脉有

一力專注入穴之勢入首有一口吸到我腹之勢主

星有統攝周圍之勢砂水有趨承眷戀之勢而水之

與砂更有紆迴關截之勢如君臣交泰之義也交媾

指陰陽配合而言青囊所云相見指八方而言非謂

一山一水而言也即一六二七三八四九陽水陰山

陰水陽山元空會合之謂也

八極神樞

一曰淸眞淸者是言來龍來脉來水干支力位之不難

也此謂之淸眞淸眞者眞也眞而兩兼不雜方爲淸眞〇雜

者亥壬乙辰之類也淸者子癸午丁乾亥坤申之謂也

二曰專一言干支有干支之專一情性有情性之專一

穴情砂水朝案及情性干支都以專一情性有情性之

於此也龍脉專於此砂水專於此四面拱向之情亦專

於此故曰專一也

三曰深蓄深蓄則氣厚淺露則氣薄穴貴窩藏忌突露

穴貴和平忌偏斜敧側

四曰端平 端乖言不敧不側端方平正主山有尊嚴之

勢砂水有朝拱之情平者無偏無側之謂也山不論大

小只要端方周正定出正人高士忠臣孝子大忌側體

顧人定出奸邪之輩

五曰翕聚 形止氣蓄方是翕聚翕者合也聚者藏也蓋

也謂山水精靈都翕聚於此也

六曰環衛 言穴氣須固也四面照顧有情謂之環衛

七曰中和 言不偏不倚不敧不側不上不下不沉不浮

山水兼得 都謂之中和中和云者陽水陰山彼此生生

之謂也青囊經云相見而得其中和之氣者福祿永貞

相見而不得其中和之氣者便是禍咎之根者此也

八曰明淨言立穴無碍也我不碍人人不碍我自然明

淨再水光照穴有情處須得方圓明淨形如鏡者此謂

之氣明淨也

此黃與建極之神符青囊傳心之奧旨無極大士衍

此靈符遠邇管郭申及楊曾近稽劉賴無能出此範

圍苟能神而明之變而通之誠濟世之津梁救貧之

金丹寶之寶之易示匪人恐招造物之忌也

錫山無心道人輯

門人

桐鄉陳柳愻

長洲柯遠峰

金匱錢荊山　同較

子　雲谷

孫　其煥

說卦傳

傳曰數往者順知來者逆其法蓋以中五爲皇極中五

以前爲往往者順逆其法蓋以中五以後爲來來者

逆九八七六是也又曰是故易逆數也蓋自河圖易出

洛書對待縱橫自然之理也逆數云者將往來生成之

數皆入中宮逆數其所以逆數之故余不揣固陋特繪

河圖易出洛書於右以博精乎易理者一笑也

傳　心　變　易　圖

兵法有八陣醫方亦有八陣地理有傳

心八易二而八之所以遞變化八而一

之所以辨天心兵法之八陣係國家之

安危醫方之八陣司性命之存亡地理

之八易順天氣之流行關子孫之興替

學者當細心參考青囊天玉之機自能

　　　　　　　　昭見一班矣

圖南先生八大局即是地理之八陣特以天心所秘故

不敢筆之于書聊因俗本畧露一端貴學者細心自悟

可久堂

必有所得也

俯察之理本乎洛書

理氣一法原本於書九氣上應北斗主宰天地化育之
道運幹四時流通八國正是理氣之宗祖用法之真詮
如得其訣用之究盈虛考消息測盛衰辨得失如鏡臨
物一毫不爽者也如不得其訣徒以洛書之坎一坤二
呆方位辨吉凶定盛衰者何異乎刻舟求劍耶

三字經

大元空妙無窮排六甲運九龍來何地落何宮顛顛倒

順逆從坤壬乙是巨門巽辰亥武曲名艮丙辛是破軍

甲癸申貪狼行天心動九宮更是巨門非巨門非巨門

是巨門雙雙起無定名通變化都是春

堪輿為天地之總名

堪天道與地道堪輿之道卽天地之道天主降地主升

天主動地主靜天依形地附氣理寓於氣氣囿於形故

形家擇地必使所取之地足以承天天不我隔必使所

承之山足以納氣氣不我去天地合其德體用合其宜

雖讀青囊萬卷無外乎此矣朱子云位者安其所育者

遂其生苟能安其所遂其生即是體得其體用得其用
矣無奈世人不知堪輿爲何物只從水之左來右到立
向消納此猶指天而射魚焉能得中耶○天爲氣之始
故氣機初動而萬物悉貲之以爲始也一始則無所不
始而生而成總此一元直貫故曰統天如曉元空之精
髓則天道始終迭運消長之機都在掌握中矣○天者
氣也萬物之始氣始之也生者形始之也萬物貲坤以
生然非坤之自爲也乃順承乎天氣之始耳故此收山
納水須承天氣方謂之承生氣○天地之道可一言而

盡其為物不貳則其生物不測天以一誠運於上地以
一誠運於下故生物不測誠為物之體物為誠之用體
用各得方是物物一鬼神即是物物一太極○天地不
名萬物不生天地合而萬物生天地交而萬物逼得體
得用即是交合至不息者天也至不動者地也一動一
靜萬物生生化化之氣機○天以氣煦地以形嫗天圓
也方圓者一而圍三三各一奇故參天而為三方者一
而圍四四合二偶故兩地而為二萬數皆由此而起

陰陽剛柔

天地之間本一氣之流行而有動靜之分以其流行之

氣統體而言謂之天無所不包以其動靜分之而言然

有陰陽剛柔之別以其氣而言則陽為剛陰為柔以其

質而言則陰為剛而陽為柔矣

葬乘生氣

葬者藏也乘者接也葬乘生氣即乘天地陰陽化生萬

物之生氣然天有天之生氣地有地之生氣天者氣也

用也地者形也體也體有山水之分用有得失之辨體

有此生彼死之異用有此往彼來消長之分體以活潑

靈動者為生僵直頑者為死要求龍體之生死全在
乎形氣神三字上著眼方得察神氣看色澤挨生棄死
去背就面之要訣用之生死蓋以來者為生往者為死
與時合者為生與時背者為死要得用之生死當在盈
虛消息上揣摩自得察血脉認金龍辨乘生氣之元機
矣諸書所論乘生氣三字百二十家千言萬語非從形
跡上著眼即從二十四干支上迷心妄想顛倒播弄出
許多名色未曾道著天之生氣如天之生氣即是化生
萬物之生氣此氣蓋以當元者為旺將來者為生方過

者為衰過去已久者謂之死山龍平洋山水分用總是
一般又云水以向納龍以山收方得山水分用乘生氣
之元機生氣卽是化生萬物之生氣山龍水龍陰陽二
宅苟能承得天地生生之氣自能發福若背此生氣卽
便衰退所必然此生氣是元空無形之生氣非挨左
挨右有形可見之生氣又非長生官旺之生氣讀者宜
辨○得其陽者生得其陰者死順天之氣則生違天之
氣則死此卽葬乘生氣之元機夫巒頭有形有跡向背
生死有形可見體認無難無形者神也氣也變化不測

陰陽不一吉凶無定若非傳心傳眼者可與共談斯道
也耶

脉認來龍

點穴之難難於認氣認氣之難難於認脉夫脉之形象
細而軟和而緩動而微如人身之脉一般有呼吸浮沉
之動氣者爲生直硬粗頑者爲死脉之曲直橫斜卽是
脉之變化生死忽隱忽現若斷若續亦是脉之變化生
死苟能識得氣脉變化生死之眞情由氣脉再察氣色
之榮枯穴情之隱顯偏正任爾奇奇怪怪之穴自無遺

漏矣地理之道不離乎形氣精神所謂有神卽生無神

卽死者此也○脉之形象蓋有數種有一種可一望而

知有一種初看似無細看實有者或從本身看者或從

對面看者或有從傍看者細看方能觀脉之有無也要

之穴之有無眞假都在此夾龍來脉上討消息也必須

細察篤妥

　認生死

地理之道惟生氣最爲難認蓋生氣之外上下左右皆

是死氣認氣者須於百死之中認其一生一生之外識

其百死脫煞就和挨生棄死於毫釐尺寸之間再辨來
龍來脉是何方位是何干支山與水一一辨清再兼用
法因地置宜隨時兼取斯為得之○認生死為堪輿家
第一件要事宜細察之

審理氣

天即理也理為天之體氣為天之用理氣云者是分理
三元九運運行遷謝盈虛消長之氣也夫三元九運盈
虛消長之氣無形可見無跡可尋者也讀者從何可理
苟能理得三元九運運行遷謝之氣孰往孰來誰消誰

長必使來者長者而趨之往者消者而避之如是則看

金龍乘生氣察血脉認來龍之元機自能了了矣○天

地陰陽之化生實生民性命之根源善把握補救之妙

用者誠我道代天之大權使我於此而見理不眞眼法

不到一舉一動賊害有不可勝言者矣○天道貴信地

道貴眞不信不眞萬物不生動者天也變者物從而變

化則有不知其所以然而然者也眼以形言體也心以

理言用也氣者天之體易者天之用物之千變萬化皆

由此氣非有絪縕而能如是也○天有時以生有時以

殺生殺即陰陽消長之道用法當趨其生避其殺天以

陽生萬物以陰成萬物生者仁也成者義也故理氣者

當趨其生避其成也

分陰陽

山有山之陰陽水有水之陰陽山之陰陽蓋以開面者

為陽收束者為陰曲動活潑者為陽僵直粗頑者為陰

又以向穴者為陽背穴者為陰也水之陰陽蓋以特潤

特大者為陽狹小直硬者為陰屈曲活動者為陽破碎

偏斜者為陰有情顧穴者為陽無情向穴者為陰干支

有干支之陰陽卦爻有卦爻之陰陽卦爻之陰陽蓋以

奇者爲陽耦者爲陰干支之陰陽則又以甲庚壬丙爲

陽乙辛丁癸爲陰支之陰陽以辰戌丑未爲陰寅申巳

亥爲陽至若顛倒無定之陰陽則又以來何地落何宮

隨時而在者分陰陽也○山龍須要干支清純水龍亦

要干支不雜如來龍來脈有錯雜之病須求水法純一

以補之或山水都帶夾雜之病須用五吉以救之此亦

心眼之至要者也

辨順逆

與時合者為順又名正神與時背者為逆又名零神順
則生旺逆則衰死此順逆是氣運消長之順逆非干支
顛倒之順逆也所謂順天者昌此也葬乘生氣者亦即
此也然有山水之分用讀者宜察

推三吉

九星八卦本無有吉合時則吉本無有凶背時則凶推
者推算何星旺於何時何卦吉於何運也三吉者有一
卦即有三卦有一吉即有三吉然此三吉吉凶無着隨
用而轉移者也

辨落脉

大凡結地主山必成星體星體之上必起六府小頂小

頂下開陽開面中間微微起脊而落者謂之脉細軟而

活動者亦謂之脉行乎脉之內者為氣生動無脊者亦

為氣忽伏忽起有暈有輪者亦為氣狹小而微有脊者

方謂之脉收而束細如絲如帶此謂之線脉若不知葬

氣但知葬脉其不犯剛飽硬直者鮮矣夫人身之脉以

氣而行山龍之脉以水而運氣藏于內水界於外真龍

轉折而來者自有曲折之水相應知此方知水為領氣

之神下文所謂因水驗氣者此也○脉之爲狀小也細

也微也其狀如絲如帶此微者似有似無則糢糊難見

細小則顯明而易見故細小此之於微稍爲較大也

趨裏稜弦向背之情

趨裏者是言四面環抱有情之謂也稜弦者是言開面

開口開肩開手有層有級有稜有斫外背內面拱向有

情之謂也氣之有無穴之真假都在稜弦趨裏向背上

討消息也○遠看近看前看後看內看外看細看諸山

形勢之所歸精神之所聚真氣之所鍾再察穴情之真

假土色之榮枯神氣之有無生死此亦看地之最要者
也如看地若不辨氣之生死土色之榮枯猶看死尸一
般死尸猶是人也惟無氣耳

青元朱白証佐之情

青元朱白即前後左右之別名証佐者即是向證穴證
官鬼禽曜朝案之類情也者拱向有情之謂也前後左
右果有眞情朝拱則內氣自眞內氣眞再察其神氣果
有精光融聚之致神完氣足之象自能一葬便與父發
子榮如神不充氣不足精神渙散氣色乾枯者雖有萬

水千山徒無益也

察生動

生氣藏蓄於內無形可見何以知其生氣而求之抑知

生氣止聚之處其上必有動氣動氣者何卽是起伏行

止生動活潑有呼吸浮沈之情狀者是也經云動則生

蓋謂此也○山以出動開面開口并有精光融聚秀嫩

滋潤之色者爲生粗頑硬直者爲死水以屈曲活動旋

轉抱穴有情者爲生斜飛反跳形如木火者爲死○尋

龍尋穴爲巒頭第一件要事如舍龍穴而求砂水必爲

花假者所謬今之形家多中此病卽論三元講水法者

只求洛書之呆方位某水合某水不合并不論腳下有

氣無氣并不論用法之得失此亦堪輿家之通病讀者

當細細推求對脉來情水來當面前輩未嘗不言及氣

與用也〇萬物之生皆資天之氣以為始也葬埋承此

生氣卽承天之生氣天至動至陽之物其靜也陰所以

生物卽是陰卽是靜地至靜至陰之物其動也陽擇地

故貴乎動此亦葬乘生氣之一法也

看行止

氣不自行有水以引之氣不自止有水以止之氣不自

聚有砂水交會以聚之形止氣蓄水交砂衞再有精光

融聚之致方是眞止方是眞聚再察其四面拱向之情

再察其穴情之眞假元辰之眞的如是則眞穴眞情俱

可辨認苟能辨得穴情之眞的是眞是假到眼自然霑

亮又云有行卽有止行者動也止者靜也山龍如是水

龍亦然○莊子曰水性止能止衆止故水貴乎止蓄也

五歌云山有山之止水有水之止若是止形皆可穴蓋

謂此也

因形求氣因氣求神

氣由形辨舍形何由以辨氣之生死氣因理推舍理何

由以見氣之興衰故形有眞僞氣可辨也氣有生死神

可辨也又云有氣方言體有體而無神氣者即用得合

法斷不能爲禍也又云有形自有氣有氣自有形氣依

於形形又依乎氣形氣兩兼有是氣必有是神耳

體用各得

地理之道形勢爲體理氣爲用故萬物必先有體而後

有用所謂體立而後用行者是也且萬物生生之始求

有形先有氣未有氣先有理如舍體而求用則用無所

施舍用而求體體無與廢要之察乎氣審乎勢相乎情

度乎理觀乎神合乎時體用各得其宜方得體立用行

之精微

地有吉氣土隨而起

有土自有氣有氣自有土此乃陰陽自然之理也此節

專辨吉土即辨氣土暈土骨土五色土之類非辨泛泛

之土也有吉土自有眞氣有眞氣自有吉土氣與土相

連未聞有土而無氣者也凡到形止氣蓄之處自有眞

氣結聚於其間眞氣結聚自然高於兩傍兩傍自有低

田低地爲界貼身有界中間自然高起故曰土隨而起

此所云起者是言吉土之起非言凡土之起也鑒穴求

土者宜細察之〇山龍平岡之起伏有墩有泡有脊有

背有面有凹有凸其高低易見平洋高一寸低一寸實

屬難看更宜細察〇來龍活動到頭脈盡自有吉土或

開鉗口或到頭有大小八字分開頑氣卸於兩傍亦有

眞土穴形故取窩鉗爲上也

勢來形止

勢來是言山形氣勢從高而下有頓有跌有起有伏旋

繞曲動及前後左右諸山都有拱向之眞情形止是言

山形水勢到結穴處自有止蓄之情形主山自有統攝

周圍之勢砂水自有主賓相朝相顧之情或起頂腰落

或開面中抽有優游自然之情狀者方是眞來方是眞

止又云來是言穴後來龍來脉之形勢止是言穴情砂

水之止不止也形者氣之宅也氣者形之主也神者形

氣之精神也形以氣爲生氣以神爲活如舍神氣而求

形者眼法之眞詮何曾夢見耶

淺深得宜

地氣高厚土色明亮左右界水貼切而兼深蓄者宜深

如界割不甚清楚再兼地氣平薄者宜淺當開鑿金井

之時必須視其土色何如方可定其深淺如此自無過

淺過深之患矣如土色堅細滋潤而有光彩者宜淺深

亦不可過深過深日久自有潮濕之患過淺藏棺於粗

鬆浮土之中則乾枯出蟻之患勢所不免須藏棺于恰

好處爲妥除去浮土開見吉土深有二三尺或一二尺

不等將棺藏于吉土之內不浮不沉不深不淺斯爲得

之夫藏棺于吉土之中自然乾暖自無潮濕虫蟻之患

棺槨自能悠久于孫自能昌盛且擇地非爲子孫計本

爲祖宗欲免潮濕風水虫蟻之患耳又云深淺得宜地

理足矣誠哉是言也平洋培土安墳不過避潮濕以及

水浸棺槨水浸棺槨退財傷丁勢所不免卽用得合法

亦不能爲福故以培土爲先也平陽有龍有氣并有吉

土者深可一二尺不等如氣滿者開見黃土卽止將棺

安於黃土之上極低之處培土三三尺然後放棺深則

恐有潮濕之患棺之外宜用石灰與好土打結以避窖

水之患卽羅城攔土亦要內高外低使水易去切不可
內低外高使水蓄于穴中每見今之攔土用磚石高砌
有四五尺者有七八尺者高於塚墩徒取石之好看不
顧水之去不去此謂之攔水非攔土也○紹興杭州及
嘉湖諸郡山龍安葬墳墓金井深者不過尺許此亦因
地置空之法也培土安墳皆因地氣卑薄恐有水浸棺
槨故此培高二三尺以受清陽之氣此卽古之架法然
而清陽之氣亦要所用之地有氣有土方能承接天之
陽氣否則土雖培高三年五載之後虫蟻潮濕之患勢

所不免夫有氣有土此地自暖暖則地氣上升稍有潮

濕日久自乾無氣無土則寒寒則地氣不能上升潮濕

自來此亦陽升陰降自然之理也

土高水深

氣厚則土厚土厚則氣厚氣厚則左右界水及內堂止

蓄之水自深乃山水陰陽自然之理也下文所云鬱草

茂樹果得龍氣活動水深土厚草木自然榮茂此亦生

氣之使然耳地氣衰薄土色乾枯草木定多衰落之色

有諸內形諸外此亦衰死之氣使然耳○地之磽者雖

有善種不能生物又云土敝則草木不長種植尚求吉

土何況安墳關繫子孫休咎乎

細察氣色

生氣卽生動活潑之氣善察氣色者看其形之動靜卽

可卜其氣之興衰察其氣色之榮枯卽可知其氣之生

死動氣是由生氣而動者也色者氣之華也色澤榮枯

亦由氣之生死而使然也由此則土色草木均宜細察

爲妄又云色澤鮮靈則氣旺色澤枯老則氣死卽草木

土色亦當如是觀○山有坐眠立三體并有喜怒之形

象如破碎巉巖粗頑硬直石性雜亂土色乾枯草木稀

少種種都是怒形山背山腳每多如是如峯巒挺拔秀

麗尊嚴開面向穴屈曲活動并有滋潤之色者卽草木

亦有鬱鬱葱葱之象種種都是山之喜氣必多結作此

亦尋龍尋穴之捷徑也夫地之生死全在乎神氣有無

而辨也然氣之有無易見神之生死難看大凡非神無

以主宰氣脉保合太和流行上下仰承天氣華元化曰

神者氣血之先也氣血之先非神而何然則氣依於神

神又依乎氣者也

土貴有枝

山龍之幹枝猶木之幹枝老本為幹嫩枝為枝大凡老

幹行龍情性堅剛土老石粗結穴最少猶木之開花結

菓多結于嫩枝少結于老幹夫枝龍卽是幹龍分下傍

枝傍脉之類并有幹中幹枝卽枝中幹幹中枝之別

此云土貴有枝者是言正幹行龍愈分而愈妙也旣識

其分再識其止枝龍止蓄之處卽是眞氣眞穴所鍾之

地眞穴所鍾水必聚于此此亦山水陰陽自然之妙也

枝者分也不分則粗頑之氣不能脫盡故以分為貴也

脫卸愈多頑氣愈盡龍力愈壯土色愈美郎水龍亦貴

有枝枝者分浜分枝之謂也枝浜愈多龍愈生動土色

愈佳氣愈活潑所謂分盡之分者此也

辨神氣色澤

諸書言龍言氣言之詳且盡矣未曾道及神氣色澤夫

氣者裏也神色者氣之表也表在外而易見氣在內而

難知今因神色易見即以易見之神色而推測難見之

氣卽以神色之榮枯以卜氣之有無生死古人所謂因

形求氣因氣求神者此也此猶醫家望聞問切之法病

可久堂

之生死安危久暫都以神色辨也擇地者亦當細參神

氣爲要神氣色澤物物有之卽骨董字畫亦以神氣色

澤辨眞假也如宋元名人筆墨自有名人之神氣卽本

朝南田之花卉用筆用墨另有一般神氣卽八大窰之

磁器精光神色比几窰自然各別卽漢玉與近時之玉

神氣精彩亦屬大相懸絕辨地之神氣亦不外以此法

參之地之眞假疑似可一望而知矣神也者神完氣足

之謂也神氣充足自有明亮光彩滋潤之神色見焉○

丁財茂盛之家墳上樹木必茂土必滋潤子孫衰落樹

木必定凋零土必乾枯并有初葬合法樹木極盛合葬

失時樹木頓衰此亦是所承之氣使然耳又云小地看

精神大地看氣局大地雖重氣局亦不離乎精神耳

考真假

土色佳美神氣充足形止氣蓄水交砂衛卽前後左右

來山來水處處拱向有情還要細察立穴定向之得弗

得耳古人云地無大小一真便發又云地無吉凶葬法

得則吉失則凶故以得穴得用爲最要也

辨得失

得穴得用并得補救是謂之得如得用而不得體得體

而不得用均謂之失卽體用俱得位置稍不得其當者

亦謂之失也

審向背

水之外卽是砂砂之內卽是水水向卽砂向砂向卽水

向乃砂水陰陽自然之勢也又云向背在乎情性情性

向乃爲眞向

察穴情

來龍來脈俱已詳辨惟穴情爲砂水之主宰不可不察

也明矣穴之情形千變無窮總不離窩鉗乳突四種窩

鉗為上乳突次之然窩鉗乳不離乎乳突乳突不離乎窩

鉗窩鉗穴後不起突前無屑簷便為空窩乳突無鉗窩

則葬口不開立穴無據貼身有蟬翼陰砂邊有邊無邊

長邊短都不必拘拘只要有一臂便結形如牛角者佳

要知龍穴砂水筍縫鬥合之情

龍從左來穴必結於右龍從右轉穴必結於左此龍體

旋轉自然之勢也夫筍縫鬥合四字是龍穴砂水相朝

相顧雌雄相配主賓相迎之情狀也苟能識得筍縫鬥

合之竅任爾左栖右閃奇形怪穴俱可辨認炙然則眞

龍之結穴變化無窮難於盡舉只可言其門合之情形

耳○門合即是山水有賓主相迎相顧之情道其形曰

筍縫門合言其情曰雌雄交媾

童斷石過獨

不生草木曰童草木不生生氣已絕俗呼剝皮龍者即

此也斷是鑿斷開傷之謂非跌斷之斷鑿斷開傷此謂

之病龍故忌石是滿山頑石無頭無面無分無界之亂

石也故忌如螺絲吐肉老蚌生珠每每多在石山須在

出肉生珠四字上着想方不至誤石山土穴葬下禍不

旋踵者總由無媒無不陰欲剛飽渾身是煞故也過卽

是此山過彼山之過斷不卽斷起不卽起牽牽連連無

背無面左右又無護從遮攔風水一派純陰之氣故曰

不可葬獨是乾枯無神之謂卽無背無面不分不界無

枝無脚亦謂之獨非是山洋羣結獨墩孤泡獨山之獨

也卽大山博小山不開陽面不批嫩枝亦謂之獨獨者

謂枯老無發生之機也

收放

收者束也龍身行度處以束定峽到頭一節以束觀入

首所謂束氣者是也平洋無脊脉可憑全在收處察其

眞假証其來源放者開也帳蓋之大小纏護之短長均

於此定之大收大放蓋帳關峽是也小收小放峯腰鶴

膝是也收放愈多則愈有勢放愈大則愈張揚收愈小

則龍力愈壯故穴後入首一節之收放比後龍更爲緊

要耳不拘平陽平岡山龍都宜如是

分合

穴後宜分不宜合分則頑氣自脫穴前宜合不宜分合

則砂水自向門戶自閉又云有地無地且看下臂又云

下砂不轉莫尋龍此數語豈非尋地之捷徑乎

來情對脉

山龍有九星正變之象水龍亦有九星正變之象山龍

有主山水龍有城門山龍必有來脉入首水龍有來源入

口并有兩浜界水止處必須界抱有情山龍入首結穴

處須求真止之情形水龍照穴有情處須求方圓明淨

方為真水五歌云對脉論來情者此也水來當面者此

也

山龍一線平洋一片

山龍一線平洋一片一線者言其狹小也必須細心察
看方得其一線之眞土眞氣否則夾砂夾石水濕虫蟻
之患難免矣一片者言其廣濶也廣濶者須求動處爲
是水有一兩處來者有三四處來者來處雖多用法須
歸乎一氣此亦平洋納水之要訣也如半得半失者定
主房分偏枯得三失五者退財傷丁勢所不免矣

一望可知

大凡山不開面土必粗鬆春夏大雨小石粗砂必隨水

而下隨水而下路上必多粗砂小石几山麓小路有砂

有水有小石者不必登山如護龍砂及送龍砂等定

有小石浮砂此亦辨土之一法如色澤榮潤土必堅細

土色堅細路上自無小石粗砂草木自然油澤草根自

然稠密界水自然親切而兼深蓄否則左右界水自為

浮砂堼塞草木休愁路多細石種種都出土色粗鬆之

所來也此等在識者何以一望而知　余恐初學者眼力

不到特此指之

體用並重

地之可否固在乎體貴賤實由乎用如用法得宜富而

且貴并能悠久如用弗得其當退財傷丁子孫下流無

所不至由此觀之體與用並重也細細推之用更重於

體矣

水有公私

水有公私過客特朝之分公者公共之水無所專於一

處者此謂之公私者一穴獨受干支情性都專于此者

此謂之私過即此卦過彼卦此方過彼方之過無潤無

狹無灣無曲無情於穴者謂之過客特朝者對脈處恰

有最水特朝長短曲動與來龍相稱者為佳取用之法

當用眞水特朝者為先次收公過最為得法如誤用惡

有元運不一房分偏枯之患矣

因形測氣

穴中有生物及紫簾茜草之類亦可猜測而得見有此

簾斷不可改動卽不見此簾但見氣色榮潤亦不可更

動稍動必至傷丁大凡直達補救兼收自多諸吉其所

以生化都由山向水口所用之星辰得弗得以辨吉凶

者也以上種種在識者按其山向水口地氣卽可卜其

有無卽浮厝棺槨看其磚石之神色卽可知其生物之

有無苟能知此覆舊易易耳不但覆舊之易且不肯亂

動人家墳墓矣

水辨眞假

有情照穴者為眞無情顧穴者為假如來龍活動土色

堅潤或兩傍有水界割其氣自清或龍到頭止蓄之處

內堂有點眞水大旱不涸恰與來龍來脉相稱方為之

眞水眞水者來情對脉水來當面之謂也如水色混濁

并有臭味及偏斜反弓卽易盈易涸等等都出地氣與

水不交故謂之假

因氣驗水

此云因氣驗水亦可云因水驗氣有是氣即有是水有
是水即有是氣氣水相交方謂之真水但有水坐下無
氣者仍不可用此故曰因氣驗水也

因水驗氣

氣者水之母水者氣之子也有氣斯有水有水斯有氣
氣無形而難見水有跡而可求水來則氣來水止則氣
止水抱則氣全水滙則氣蓄水有聚散而氣因之聚散

水有深淺而氣之厚薄因之故因水可以驗氣也若池

湖蕩胸潑面無攔則氣不聚無桑則勢不可當卽易盈

易涸急去急來倏淺倏深者均非盡善之謂也惟大水

之內又有小水重重包裹方見氣之藏而聚大界水之

內更有微茫隱隱分合方見氣之動而止故眷戀迴環

交鎖織結皆是氣之所在也穿制牽射反直斜冲皆是

氣之離也如反者使其環抱直者使其曲折挽回造化

亦在人功但本身小水有情顧穴者務宜挨親幹水無

意留戀者不可扳援若山谷之平陽山多水少雖見大

水無害總要自己界合為先並宜大小兼收為妙也夫
氣之盈虛消長上逼乎天下貫乎地應乎萬物神氣相
感體用得宜生生之道在其中矣五歌云直來直去龍
之僵有灣有動龍之活水龍如是山龍亦然所謂水來
當面是真龍者此也所謂對脈論來情者亦即此也〇
平洋以水為龍者法宜培土安墳若地有真氣龍真穴
的開鑿安墳亦吉如蕩然無氣者即培土亦不能發福
非但無益且有水浸之患矣〇精生氣氣生神神完氣
足故曰神氣為巒頭第一件要事宜細察之

隨地取裁

看地非獨心法變化無窮即眼法須要活潑靈動斷不
可拘執如九華天目句曲都是老龍幹氣尋得龍穴砂
水件件合式大者開族小者不過丁財而已如蘇杭湖
松脫叔龍稍有一樣可取鼎甲科名連綿不絕若拘呆
法竟地更難矣即脫叔龍亦有老嫩之分如蘇州之羊
山猫山鹿山以及獅山等諸山色澤神氣土色都帶乾
枯即是脫叔亦不結大地如洞庭七子天平山及常熟
虞山無錫惠山江寧鍾山諸山神氣色澤土色滋潤猶

花木一般箭箭關花枝枝結菓諸山亦有老嫩背面之

分斷不可拘拘故曰隨地取裁

移步換形

稍移則形象更換形象換吉凶不一勢所必然全在未

立穴以前格定去位細察星體情形合吉則用之不合

再移移到于支吉位山水情形都合爲是斷不可脫龍

脫脉也

種植方知

高山平陽平崗種植土人必擇物土相宜而後種植如

種地黃山藥山茹蜀葡生薑百合等等必擇沙土而兼
潮濕者如種松及竹須擇浮土而兼高燥者如種楊梅
桃李花菓亦擇砂土而稍帶鬆濕者如種栗亦擇砂夾
土而兼鬆散者此亦觀其所植即知土色乾潮此亦遠
望之捷法也要之木質堅細者土必堅細木質粗鬆者
土必粗鬆此亦物產之自然

看地至要

平岡平陽看法與山龍一般第一先看神氣土色第二
要看龍身活潑靈動第三要看界割清切第四要看四

而照應却有真情顧穴第五要看過峽起伏第六要看
堂局水氣止蓄團聚第七要看下砂關攔有情有力第
八要看八方不順第九要看穴情真的第十要看砂水
相稱穴情隱顯偏正然後再言點穴立向之得失苟能
如是誤人之過自少矣

得氣所生

大凡發地塚上都生樹木其所由來亦由用法所得之
氣而生者也如海寧陳氏祖墳塚上生檀樹常州呂狀
元祖墳塚上出梘樹上虞沈侍郎塚上生松樹宜興崔

氏墳塚上出朴樹以上所生樹木等必由向首所得
之氣而生諸家位至極品族盛丁蕃富貴不歇惟塚墩
上天生樹木得氣所生故不可伐伐去傷丁勢所不免
余友姓姜名堅號實夫祖墳在江都北門外塚上生穀
樹大有數尺姜公因穀樹中空擇吉砍去道光拾年冬
季兄弟四八少丁都犯血症而死此乃伐樹之故也余
恐人家將墳塚上樹木亂砍故特誌之

四大承氣

地理有四大承氣法土承積木承風水承氣石承煞凡

有煞氣照見斷不可堆做石工等等石能招煞故忌水

惟止能止衆止龍氣過水而止墳地故貴乎得水大凡

墳地有凹風吹著者忌種樹木因木能招風山地更甚

故忌積者高也厚也堅細而有光彩者謂之積故擇土

貴堅細而有光彩者也

四時看法

天時雨陰鬆生砂生浮面為雨所潤最為難看然土雖

滋潤必帶潮濕所謂剝皮者是也天氣嚴寒雨雪濃霜

之後粗鬆浮土必定凍酥不必粗鬆浮土而然卽氣薄

砂體潮濕之地無不皆然四季看色之要有氣有神者

春初草必先青綠無氣無神者草必遲發而早凋秋冬

九十月衰草如老年頭髮一般軟而色淡枯而無神者

定然無氣再者地土粗鬆多生粗根根深之草木如夏

秋多生蕨草葛根之類石多土少定出拳曲之木此亦

理之必然者也

天池攷驗

山頂上有池水謂之天漢又名天池下有眞結上必有

天漢不拘山之大小幹龍起頂將近結穴處頂上定有

此水此亦陰陽自然之理也蘇州范墳上有池三個宜

興龍池上亦有池三個江陰有山山雖低小頂上有池

七個揚州甘泉山頂亦有池其味甚甘故名之江寧保

山鍾山頂上都有池鍾山下有明太祖孝陵在焉保山

下有方氏祖地在焉此水是天地精靈之氣所結最為

尊貴

　土在是穴即在是

探土有山地平洋之別山地看難龍脉入首有穴情疑

似者必探其土色可否然後點穴方不至誤土必變色

可久堂

四色五色堅潤爲妙平洋探土第一要開下四五寸卽

見吉土爲佳次要左右近界兩傍黃土要深深則方見

吉土之起處爲是如龜脊牛背之形及開下一尺二尺

見黃土者卽有潮濕之患

忌動朽棺

太平日久山地非舊時眞面目者居多不可不加意細

察張氏祖墳賣爲李氏安阡不數年李氏墳又改爲別

姓更換一姓堆做一回故曰非舊時眞面目也墳塋每

每逢着熟地都由心眼粗踈之故輕易動人朽棺腐骨

并有遮攔別姓墳墓之向道以至敗絕并有不顧人之

可否因有小利可圖而不顧人者種種弊端罪不容誅

爲將來者戒　余於道光丁亥年冬季遊吳門見西跨塘

之西有吳氏墳墓乙酉年八月新阡葬時動無主枯骨

無數地師卽於是年死絕吳氏不及二年亦絕此動人

枯骨之報也大凡擇地安葬必先積德地有吉凶德有

厚薄德薄者葬凶德厚者葬吉此乃天地陰陽自然之

理也無德者欲葬吉地本屬妄想還要動人枯骨碍人

風水天降災殃非絕而何如常熟虞山無錫惠山常州

茶山蘇州乞子墳墓重而又重疊而又疊猶如闔門市

壘一般開鑿金井難免不熟稍見磚灰等件理當讓一

棺兩棺地步塚墩坍塌隨時堆好在有力者另尋吉地

以安其祖父方為盡善否則數百年之後難免別人又

來動爾祖爾父之棺槨理勢之所必然者也

關繫非輕

醫家不盡心力心眼不到誤投藥餌藥殺一人堪輿心

眼不到誤阡墳墓絕人仁門關繫如此可不慎哉可不

慎哉

初葬合葬異同

新做墳墓只要顧山向水口立穴定向用法之得弗得
耳老墳上附葬有塚自有八方先要看在何方何位流
年空利否即合葬亦要推算得失與初葬更要小心何
也初葬是初葬之時合葬是合葬之時陰陽顛倒竟有
大想懸絕者可不加意細察乎

太平孫竹田氏著

錫山無心道人纂

門人

桐鄉陳柳愚

長洲柯遠峰

金匱錢荊山　同校

孫子雲　其煥

其谷

一堪輿之學本是性理之正端非深明經史者不足以

知此無奈世人安于固陋不甚推求有視爲奇術廿心

受欺者有不擇吉凶聽之天命者更有漫然不信謂無

此理者種種塵勞同歸愚劣可勝歎哉今此書返本窮

源言極醒豁欲于天下仁人孝子劈破疑團浩浩蕩蕩

灑灑落落相與養生送死于光天化日之下不堪爲操

甌者贈也

一葬埋之事所以安死者非爲福生人死者旣安則生

者自福不必更生妄想于其間也今之術家胸無實學

專以禍福動人爲一時取利之計主家惑之有以親骸

爲邀福之具遷移不已者有視爲畏途停棺累世不葬

者更有蠢爾無知凶貪病無聊以親骸爲禍根燒毀抛

棄者此非禍福之說有以致之哉鬼神有知能不陰奪

其魄也耶今此書但明葬理理明則疑釋疑釋則吉凶

判然洞若觀火自然頭頭是道而無風蟻泉石之患矣

彼不務窮理而惟禍福計者不必觀此

安葬之制蓋始于中古河洛出八卦畫仰以觀于天俯

以察于地于是乎識山川之情更徵之以人事而得其

義其義云何曰尋得一點生氣而已生氣所聚內蘊精

華其土細密膩如團粉葬之者安得之者昌然則生氣

固可識乎曰可氣本于天質成于地天有陰陽地有剛

柔惟柔故生惟剛故殺山體剛剛中取其柔以爲生之

機猶之一陽動于坎中而萬物始生此生氣之義也

是故觀此圖而知象觀是書而知點穴之法窩鉗乳突

穴之象也蓋粘倚撞點穴之法也更有法中之法名曰

理氣若夫立向消納承氣收水莫善乎理氣理氣者即

大元空五行分理三元九運運行遷謝之氣也苟能如

是巒頭理氣無所不當矣

窩者太陽之象也陽生陰中外剛內柔宛然藏蓄旁有

範圍前有氣口真氣內注穴宜深取然有陽必有陰有

真必有假辨之既清方知取舍

陽

窩

　　窩形圓整輪弦明白中有肉地肥嫩

　細軟前有氣口以顯情性美穴也共

太窩

兩掬環抱如拱手樣者曰合口窩雨

腳拍開如糞箕樣者曰開口窩窩中

肉地又有出氣進氣之不同其肉地

微弦向內收入如人之呼者曰進氣

窩向外吐出如人之噓者曰出氣窩

進氣宜穴上弦出氣宜穴下弦

凡窩中肥大圓滿可容三五穴或至

十數穴者可盡其量而阡之若窩大

而深濶其中肉地或不能滿則窩上

邊窩

貼脊勾窩亦然

作案內有肉地明白者曰邊窩橫龍

山勢上聚吐出平坡窩弦一邊勾轉

結也

塊突成穴者尤妙此龍氣旺極之所

注穴宜阡出窩大而有肉吐出復起

見肉地沿邊吐出肥厚者則氣已下

入窩內拖出嫩肉則緊接而阡之如

必有一脉微起如額或自邊自角注

側窩　　　　　空窩

龍來成窩作尖而中無肉地則氣必

化于弦上平坦肥嫩下陰上陽穴阡

弦上然以肥嫩爲要稍帶枯老卽是

空窩阡之必絕

又有窩體偏斜而輪弦肉地明白者

與正窩同

又有兩窩三窩並立或剺背如鼎足

狙中有肉地阡法如此

陰窩

陽鉗

陰窩輪弦不明或陡削如洞壑中無

肉地陷如漏槽此純陰之象生氣不

注之處也故古人目之爲空窩冷窩

不可穴穴之絶人

鉗者窩之變體少陽之象也其形直有似木星之象陽

動而陰裂生意出于鉗中眞假宜辨

鉗頂微微隆起如額而無界水淋頭

之病兩股肥嫩齊整而無直硬走竄

之病鉗心平坦有肉而無漏槽傾瀉

陰鉗　鉗中有窩　鉗中有乳

兩股走竄　鉗心傾瀉

之病小者秀嫩而不瘦削大者肥軟
而不臃腫方為生氣所鍾之處陰鉗
則反是不可不審
鉗中要有肉地如虎口中之軟皮肥
嫩平坦輪弦明白外看如鉗登穴如
窩者方妙
鉗頂俯下則鉗中吐氣如乳要肥嫩
平坦從輪下吐出方妙若貫頂直出
尖硬瘦削則為假乳矣乳假則鉗亦假

斜鉗　側鉗　偏乳　側鉗　橫擔

來龍勇猛勢不能收兩股斜飛有似

走竄者曰斜鉗與正鉗同蓋龍止氣

鍾自有一種英發處此當另眼相看

者也

側鉗氣不中出而旁行偏股閃出微肉

而鉗心反成漏槽須要龍真脉到該有

止處細看明白或成直乳則要乳頭肥

嫩界水微分或成橫擔則要輪級分明

肉地肥厚或成窩壓則要陰中泛陽肉

地明淨方為生氣所鍾之處大龍正結

側鉗窩屬　　合鉗　　鉗分

往往有此此龍強氣急之故也切勿于

無龍無氣橈棹之中模糊亂下

合鉗中虛力在兩股股頭合氣隆起塊

突成穴後漕雖卑下無害也分鉗兩股

拍開似乎無情然鉗中明淨與正鉗同

又有曲鉗長鉗短鉗之不同俱以其類

推之邊曲邊直者曰蟠龍邊長邊短者

曰單提邊單邊雙者曰疊指皆鉗之變

體也穴多阿弦土嫩肉不落鉗中

突者太陰之象也其性堅剛其氣收歛故其形特地隆

起或圓或方或曲或長如珠泡龜魚蚌蛤之屬皆陰象

也陰中泛陽剛化而柔乃含生意如純陰飽硬穴之絕

人蓋乳突之穴皆陰體而用陽惟取其用勿犯其體始

稱善葬

陰

突

突陰象也高頂塌腳飽而此突之本

相不能成穴者也時術妄作開孤取

水未有不敗絕者又有一等頂雖平

而無氣口腳雖卓而不開面亦陰突

陽突

側面看如此形　　突上看如此形

平面

之變相不能成穴者也其長阜與力

墩俱以此推之

凡陽突其頂必平後高前低上有窩

厴前有氣口陰中泛陽乃能成穴其

輪弦必卓起如覆盤則氣始有所拘

攣而不散不論高低大小皆然平面

者居多亦有側面而有輪級者其力

量大率相倣

梭子

腰子

蚌肉

橫長而腰濶兩頭尖者形如梭子要

頂平而開面兩頭稍殺腳卓有弦生

氣聚于平中吁中濶處

橫長而兩頭圓大腰缺者形如腰子

要頂平腳卓前有氣口則生氣聚于

凹中宜阡中凹如中凹狹小而兩頭

有圓脣吐出者則阡兩頭

橫長而脊隆下鋪平坦如蚌之吐肉

上陰下陽宜阡其肉

併
突

陰陽
併突

品字
併突

橫長而兩頭微起面平中㘭臍卓則
生氣聚于中形如兩突相併宜㘭併
處

橫長而頭高頭低者上肥下薄則㘭
高穴下柔上剛則㘭低穴

又有三突相併如品字樣者頂平㘭
突突陰㘭肉如一字樣者穴㘭突面
面陰則不成穴

少陰之氣流而爲乳直吐而出急如飛矢利如劍鋒穴
之孤剛而難犯者莫若乳矣地師愛之主家信之山腳
荒墳纍纍如黍寧不悲哉此無他眞假不辨之故也夫
乳剛氣也剛必變柔乃有生意是故君子于乳穴尤爲
謹愼

陰　　　乳

乳者剛氣也隆如龜背腫如冬瓜瘦
如竹篙峻如劍脊此乳之本相也犯
之絕人蕭客云時人不識無中有多
向孤陰乳上尋即此

陽乳　側乳

陽乳圓淨平出肥嫩和緩如花之蕊

如木之芽其出脉必低多在山之足

高者不過山之腰蓋脉低則不犯剛

殺方露生意斷無貫頂直出貫頂直

凸者皆砂也其或脉高乳粗剛氣直

凶其生氣必閃出一邊或閃乳側乳

等穴穴情賦云雄粗帶側尋即此蕭

客云誤葬每因求正面仙人多是下

偏坡亦即此

何久堂

閃乳

閃乳者中乳直硬不能成穴生氣旁

落別成嫩乳者也與側乳不同

長乳　　　短乳

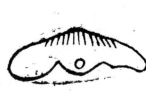

大乳要渾厚肥嫩有收拾不惧攲斜

窳方見力量之大長乳亦然宜阡古

狠取其聚精會神之所此短而潤者

宜視兩翼必有飛張之勢卽禽形恕

穴也飛鵝亦長乳粗雄潤大則阡糞

門下粘穴又有兩乳三乳並出者俱

肥嫩則俱可下又有數乳齊出俱直

硬落下合鋪一坪肥厚圓淨此爲合

氣乳力量極大

提要　卷之三

蓋者頂門之穴法也山勢簇擁俱從頂上盤旋青陽之
氣上聚下散山腳壁立一片純陰全無氣下則穴成顯
頂出陽之龍頓起星峯仰而不俯則氣不下注亦成高
穴穴仰多窩形以太陽之穴而上居至高之位此清陽
上升之象也又有一片平坦肥厚恬靜而無窩曆之形
者則陽土之氣化而上升故其山勢亦成上聚凡上聚
之穴陽氣充足不犯陰殺明堂遠照從砂遠護不怕風
吹不畏孤露法宜用蓋外觀其形肉察其暈佐以吞吐
量其淺深此用蓋之法也平面之突形如仰盂陽泛于

上亦宜用蓋俗人不識穴形以爲孤露破突作粗地實

受傷葬凶之禍不免矣

焰天　蠟燭

仙人　出神

鵲巢

皆立木頂上開窩穴也無枝者爲蠟

燭有枝者爲仙人頭開者爲鵲巢法

皆用蓋

立木　開花　眠木　阡節　丹爐　覆火

眠木如
意頭穴

皆突中開微屬穴也法俱用蓋

此金頭火腳頂上生窩水火既濟之

穴也法亦用蓋

水面

蟬光

平面
高突

平面
低突

蓋

花

大坪帶水形上起微突如水中之月

影晕分魂魄揆光正蓋蓋水非金不

歛故必起突突非屬又不能成穴也

高者如架上之金盆低者

如落地之金錢盆必有窩

錢必有屬皆蓋穴也

眾突皆花穴必在蓋眾突

皆蓋穴必在花突上俱有

屬成穴亦蓋穴也

粘者粘也陰中取陽之穴法也山勢俯下後有駝背前
有凹脅開顏下照止陰下陽止散下聚氣出于足則成
乳形以少陰之氣而成穴于至卑之處此陰降而爲陽
生之象也故其乳形必如花之初蕋如木之始芽生意
已露方能成穴若降而不化如蛇頭鼠尾脽腳臂箕懶
坦偏斜淋頭塌腳總不脫乎純陰之本相犯之絕人夫
陰卽殺也乳而曰粘卽所云脫殺也陰降而有陽之可
扶則爲脫殺卽脫根而粘如陰降而無陽漫向山腳盡
處指爲龍盡殺脫阡作粘穴此庸術之誤人而荒塚之

所以纍纍也山半亦有高乳多是閃出亦作粘論

大葩

凡乳形多出于木木星出乳形如花瓣故名天

葩有已開者有未開者有藏者有露者其形不

一俱作粘論大抵出脉要嫩乳頭要肥界水要

淸若直硬粗瘦則爲山脚犯之殺人

可以堂

老椿

苞

花未開者爲苞俗名爲蕤木花

不作粘蕤則生意方吐故可作

粘穴眠木立木皆有之

俗云深山出老椿然老椿不生嫩枝如何成穴

蓋老木多作祖山或爲他山之用神若頂上生

窩則爲鵲巢之穴否則無用

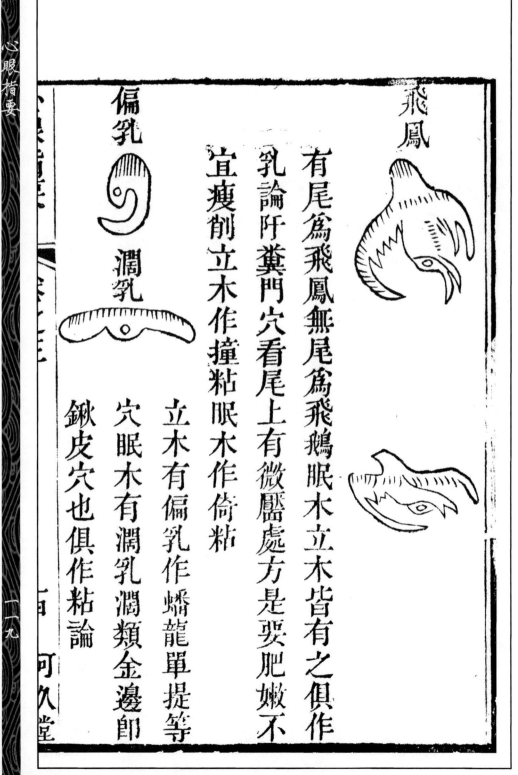

飛鳳

有尾爲飛鳳無尾爲飛鵝眠木立木皆有之俱作

乳論阡糞門穴看尾上有微腡處方是要肥嫩不

宜瘦削立木作撞粘眠木作倚粘

偏乳　潤乳

立木有偏乳作蟠龍單提等

穴眠木有潤乳潤類金邊卽

鍬皮穴也俱作粘論

水乳　　　　金邊　　　　楊柳枝

腹穴

恖穴

梧桐葉上生偏子楊柳枝頭出

正心凡是嫩薤俱作粘論兼葭

芍藥皆然

金星不出木乳若宿烏

腹穴恖穴則爲金邊可

敲亦粘穴也水土不可

粘若出木乳則可粘矣

舉此類推通變可耳

倚者左三右七之義兩乳兩耳門兩鼻庫兩鼠肉兩切
脉兩肩窩側臍斜掌之穴法也脉強勢急中陰難犯陽
氣側出或趨左或趨右旁鋪平坦恬軟肥嫩或成窩乳
輪弦分明山勢旁聚側面開堂橫倚如貧直倚如扶范
氏云雄粗帶側尋蕭氏云仙人多是用偏坡者卽此強
龍旺龍往往有之多成美穴常見枝節之上旺氣餘波
側面柔軟之處山民偶爾阡之便多丁財無奈庸術不
悟專好山腳頂背直阡未有不敗絕者更有好挑土刷
直頂墳背以為接龍此猶執刀而自刺可哀之甚者也

寶劍形

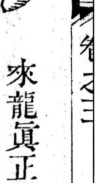

來龍眞正到頭直硬側面畧起微突

成穴頭頭葬者必絶

二式俱寶劍形

血暈穴上式更

佳作劍把穴者

非

老樹
逢春

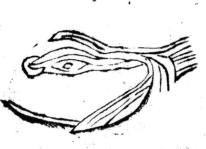

一代進士官止縣令

二式皆眠未一于節上橫裂生靨一于汀中橫拖

嫩乳猶老樹逢春微含生意法皆正倚可發一代

文秀蓋眠未不宜老恐是正龍之躍氣或爲帳角

餘波故其蔭不長恐之後嗣

眠犬

立木
阡根

二式皆眠木秀嫩一窩一乳法皆正倚當發文

土丑旺丁乃枝龍之結地

舊穴稍差故不大顯

立木挺秀不開枝腳不能成穴

看其根土有微窩處即是生意

發露之處也法亦正倚

仙人
側臥

龍來

立木帶眠名仙人側臥

形滿山皆石奇秀異常

石中開窩阡側穴法

亦正倚

龍來

眠木帶藤蘿作鳥巢穴龍

秀嫩窩亦明白法亦正倚宜

出才士官清顯人財並旺

骨氣化凹處

切脉穴卽發

鼠肉穴卽

單提氣舖

側面

眠木到頭橫開微壓如側掌心

法俱正倚三式皆枝龍之結也

以上十三式皆因穴星直硬側面開堂橫坐作

穴所云橫倚如貢者此也直下必絶餘以類推

左鼻

庫穴

中乳直硬旁拖嫩肉名直倚穴頂

中下者犯殺必絶

右耳

門穴

竪木正面飽硬旁開小窩輪弦明

自明堂側出穴亦直倚

左肩

窩穴

立木不抽枝脚頂上旁開一窩明

白亦直倚穴也俗名仙人咬虱

左側　乳穴　左側　臍穴　玉絲　鞭

立木下出眠木俱直硬旁出

肥嫩小枝形如卜字穴亦直

倚頂頭下者皆絕

立木中出脉又成立木帶眠

體直硬帶石側面開窩成勾

窩穴亦直倚也直下者絕

以上五式即所云直倚如扶也

橫木成鞭形頂側開微曆

成斜倚穴

撞者施臍掌心虎口指節之穴法也山勢中聚四旁俱

陰中間泛陽穴成窩屬如人之臍或如仰掌穴取掌心

或如覆掌穴取指節或如側掌穴取虎口陽藏陰中穴

宜深入類而推之則有騎龍翼窩懸鐘掛燈蜘蛛倒掛

飛蛾貼壁遊魚上水金頭木脚等穴皆撞法也撞皆立

體穴居正中故取象于臍亦有平岡而作撞者必是陽

氣中露和暖肥嫩頂脈直下法等騎龍若夫高山平坦

龍氣團聚別成一天則兼撞蓋

高窩

金頭
木腳

仰掌

中窩

低窩

金非水窩不能成穴窩有上中

下之異但居正而不偏俱作臍

穴猶人有立坐眠之不同也金

頭木腳必要水窩木腳多者為

仰掌要有掌心皆窩穴也法俱

正撞無窩妄撞者必絕

指節　　　　虎口

虎口亦金頭木腳之變也陽露
而陰開窩形大顯要輪弦分明
中有肉地怗軟肥嫩如虎口中
之軟皮亦正撞穴也
坑山必有背面之分穴必在面
神掌山面在上故穴在掌心虎
口形側山面在內背在外故穴
在口中覆掌則背在上面在下
節止有窩陰中泛陽故亦成穴

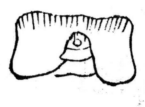

掛燈穴金頭土身山腳壁立上
開水竇亦臍之變相也法兼蓋

撞
懸鐘穴乃土屏中起一突形如

貼體亦土腹藏金之意也金頭
有爐名鐘紐穴無則敲邊

金體上起一微塊亦貼體星也
法亦用撞

凡相地以認穴為第一難事穴形旣辨得清則臨地了
然如以鏡照物自無美惡易形之病矣然認穴固難尋
龍認脈亦不易易且地之眞假在于穴地之富貴大小
久暫在于龍龍之變態多端筆不能盡玉髓地學言之
最精故不復及畧寫數圖明其大義苟能以意勞通則
天下事無不可明之理何不啜此精粕然後能知酒味
此耶○龍法穴法旣曉而參之以心法不上山不下水
之趨避在達補救之元機生生配合之妙義如是山龍
水龍山水分用自能得心應手體用各得其當耳

偏臍　　吊角　　貼壁　　飛蛾

曜

金體中又起一微塊形如金水

亦貼體星也即鏡上菱花之意

法亦正撞

金觜開水窩下鋪氈褥凶正面

飽硬故氣出于角穴作偏撞

正面飽硬陽氣偏出成側窩穴

法兼蓋撞倚亦正體也案外拖

出長曜亦金頭木腳之變

反肘　　騎龍　　金釵

釵形眠體脉接鉗頂阡油賦穴

亦撞法也

天龍跌斷過峽處陰過則龍無

留戀之意必無結作陽過則生

意已露故有順逆騎龍之穴亦

作正撞論，

反倒曲突木形如手屈肘肘後

生臁鉗唇亦撞穴也

上三式俱平岡撞穴

心眼指要卷之四

烏程沈禹平氏著

錫山無心道人纂

門人

桐鄉陳柳愚

長洲柯遠峰　同較

金匱錢荆山

孫雲谷

子　其煥

天成象地成形

在天成象在地成形形之所在象之所生是故天有日

月則地有太陰太陽日月含精祥雲捧日星月交輝日

月合璧等形天有金星則地有節苞乳突懸鍾覆釜金

盆荷葉等形天有木星則地有衝天倒地縮籃曲尺等

形天有水星則地有漫天漲天渢溿艙板等形天有火

星則地有廉貞文筆火旗紅焰等形天有土星則地有
御屏土屏看榜天財等形天有蒼龍則地有虬龍藏水
龍額藏珠雙龍合氣羣寵迎隊鯉躍龍門等形并有下
嶺蛇黃蛇聽蛤黃蛇瓹蛤靈龜顧子龜蛇把門眞武踏
龜等形天有天河則地有魚蝦蟹鰲螺螄吐肉游魚戲
水金魚袋上水魚等形天有天苑則地有天廐木蘭蓮
花荷葉秋葉梧桐枝芍藥枝芙蓉枝楊柳枝露珠垂草
落地梅花等形天有天市則地有曲尺玉尺浪袍鋪毡
展席注盞九天飛帛屠刀肉案等形天有天倉則地有

穀堆糠粃斗斛牙籌倉庫等形天有泰階則地有三台

六府七星等形天有崇人老人則地有坐立眠臥醉舞

如羅漢獻臍仙人大座仙人翹足仙人側臥二士下棋

雙童講書左仙宮右仙宮以及踢毬踏毬垂釣等形天

有天廐天駟則地有走馬打毬乘馬入朝天馬行空天

馬交馳海馬滾馬出使馬等形天有仙槎則地有金船

出峽樓船出海等形天有天弃則地有僕頭席帽笠帽

浪袍簑衣等形天有織女則地有梳粃美女照鏡簪花

穿珠遮蓋等形天有羽林則地有將軍伏劍大座點兵

及弓矢劍戟牙刀旗鼓堆甲等形天有華蓋則地有華

蓋寶蓋車蓋等形天有器府則地有笙簧簫鼓及琴書

筆架硯匣印笏盂杖玉几香爐金箱玉印圭璧之類千

形萬形殊難悉數要而言之總不外天垂象地呈形是

也是故形無不應於象氣無不現於形故曰形之所在

象之所生也

水口須辨得失

夫水有得失必宜詳辨然後再看其去來形局去多則

來多去少則來少能消一分之去口必能納一分之來

情能消十分之去口必能納十分之來情理勢之所必
然者也奈何拘拘于水口不容舟之說一見去口寬大
即欲阻塞乾知去口一阻則來水不能利導必然分流
而假道於他方矣小阻小退則大阻大退勢所必然故
水口只要屈曲交互望之似不逼舟迢遞悠長繞合疊
為關鎖者悉為上吉而水路之大小勿計也更有潴滙
而成潭鍾聚而成漾縱然浩大必多蓄而不渙用又得
宜水雖浩大仍有益于我也至若汪洋直逼于去口巨
津照見乎下手夫然後喜下砂之緊關羅星之鎮塞捍

卷之

可久堂

門華表日月三台遊魚禽躍黿蛇獅象以及叢林傑閣

橋梁等物在所必需而非謂往復留連惑揚宛轉之地

也認水口者須認得失方可神明其際矣此所謂得水

者非諸家五行所謂得是大元空五行之所謂得也

水纏元武要關照有情

凡水謂之纏元武者一在入口朝堂之後又復繞抱穴

後迴巧獻奇有情照穴者而言此取顧我欲留之意也

一在水順行之際忽然逆抱塊收有情顧穴者更有戀

戀不舍之情狀者是也用法苟能天元取輔八、地兼貪

方謂盡善

尋龍點穴須合元機

平陽龍法眠倒平鋪苟不統觀全形全勢凡遇一鉤一
搭之所似乎面面有情處處可穴孰知並非真氣所注
故必得統觀全局追踪尋脉方曉一切鉤搭悉屬隨從
之翼衞扛送之枝脚如此真真假假是是非非苟能瞭
然心目洞若觀火便可察氣脉審力量辨貴賤較輕重
判吉凶真易如反掌所云元機者即上文得失之元機
者是也

作用貴得師傳

相地全憑形勢形勢妙在理氣理氣貴乎點穴點穴全

賴山向山向是理氣之主宰可不加意乎至于立穴之

法更有浮沉伸縮順逆顛倒直達補救之元機山上龍

神水裏龍神分理清楚山管山水管水山管人丁水管

財祿皆至妙之訣青囊天玉言之詳矣經在是則道在

是苟能窮究青囊天玉之至理配合生生之妙義巒頭

理氣之精微求得名師指示眞傳斯可論巒頭理氣之

元機矣學者勉乎哉

水法眞機須在遍證名地

水夾龍行龍隨水轉因水勢之南北東西察龍勢之分

合行止不論大幹小枝有結聚必有界落墩砂之胎伏

護從之迎送橇樟之開帳旗驛之停頓關峽之轉折凹

凸之旋受既而水夾砂會形止氣蓄或塊浜藏蓄或內

外砂水逆縈順抱而明暗分合之情形出焉因而觀之

右旋左旋是尾是腹察脉之直來橫來單行雙行審勢

之偏側欹斜腰受耳受相穴之有憑有據應吐應吞觀

水之左到右到看城門之在前在後何干何支然後立

可久堂

穴宜乘龍之生氣細察水之得失對三爻細認踪察血
脉認來龍納三吉避四凶明此則知龍有龍之生旺水
有水之生旺向有向之生旺坐有坐之生旺由是龍要
合向向合水水合三吉位雖變遍之在我悉循乎造化
之自然要之體之靜者當於生動處求之用之變者當
於盈虛消息中得之此其大畧也術家不得其傳胡行
亂作無所不至甚且開鑿填塞強彼就我遂致縱橫奇
正之格局皆成吉凶莫測之陷穽此不學無術之病也
旨哉楊公之言曰陰陽動靜如明得配合生生妙處尋

學者當細心考究其元微以操其要次察水裏龍神之

得弗得以神其用然後遍證名地勢如破竹迎刃而解矣

收水須當得水

收水者得水之謂也得則吉失則凶水之形局雖好但

逢死氣皆無取故以得水爲要也水貴蓄而不渙靜而

不滿小界水蓄氣脉大幹水養龍神小界水爲乳水爲

元辰爲胎息孕育之水大幹水爲財源爲配合爲飲食

供奉之需故理氣之旨曰陰陽配合曰雌雄相見不上

山不下水又曰得水得水云者謂山上水裏之元空得

生旺爲先也并宜先到先收此眞要訣也

幹龍正結

龍有正落傍落之不同正結者脉必中抽此謂之正出
枝腳橈棹重重轉換節節收放雖流走之中有整齊之
致而龍虎交互堂局寬平護托端正四應完美如蓮花
包裹蓮房者又須審祖宗來歷力量何如

龍貴側結

所謂側結者如大幹行龍遞遞迢迢或左或右枝腳橈
棹洋洋洒洒側在一邊如人之側立側臥如花之有側

面文之有側筆有正不能無側理勢使然也然須察真

形勢氣概與全局無不關合情性氣派與統體仍自聯

貫及至到頭離極大地而精神無不收攝于一倒之

處乃側結也第恐初學一見側結之地誤認爲偏誤認

爲枝耳不知偏是逼體不貫枝乃邊角留情是故側結

之力量大異于枝結較勝于偏結無異于正結也特其

結構之形或須或秀爲輕爲重有貴有賤又非一定之

格可以擬議者也

迴龍逆結

迴龍與逆結相似但逆則週體皆逆迴乃順來而逆迴

只在入首一節故凡言迴龍必兼言顧祖深有味乎其

言也若竟週體皆逆則離祖必遠縱有祖可顧支離不

切矣且迴又與蟠結相似然蟠龍必漸漸蟠旋而結迴

則不然然迴龍之局其格不一有順來而逆迴者有逆

來而順迴者有正出于奇有巧藏于拙者總以注意迴

旋情多往復者為佳也

枝龍雜結

幹結既已發明枝結不可不辨幹結週體全貫力大而

福蔭悠綿枝結全體不貫偏促而發小易衰如但知龍

穴不識枝幹豈能分輕重而辨優劣哉今彙枝結為四

格一曰枝中幹一曰幹中枝一曰紆曲特結一曰鈎曲

雜結循序而觀則知枝結之情狀若是愈可見幹結之

不同凡響矣

枝中幹結

枝中之幹大率多帶倉庫連遞數節束咽到頭有蓋有

托似與幹結無異若細察全體及一方形勢必分枝劈

脈即外方砂水亦不能悉來照應此可以測識其為枝

中之幹矣是故全幹之結縱少靈秀而區局自遠若枝

中幹雖極靈秀而規模自小因集枝中幹爲一格

幹中枝結

幹中枝不及枝中幹蓋以其來歷不能遠貫力量終歸

淺薄若局緊氣清亦能速發終不耐久專爲局緊氣清

來歷不遠者言之耳然亦有間不可盡拘者當隨砂水

踈密及用法得失以爲占驗可也

紆曲特結

地有特結於紆曲者往往似幹非幹似枝非枝忽然奇

踪異跡隱顯莫測偶露機關精光獨闢眞得夫地生生

之氣不可以常格律者或有滋蔓遊行錯綜變幻頓起

頂角偶布枝腳界成形勢僅可以一簡取者即謂之紓

曲特結

鈎搭雜結

平陽上乘爲幹結爲變體爲會局下乘爲枝結粹結至

於鈎搭則搜剔無遺矣但上乘之地照應或十里五里

或數十里始結一局覓之不易賺之甚難下乘之地隨

在皆有舉目便覩遇之不難得之亦易若專主上乘則

平陽穴法從古未曾發明予因徧閱古今名墓四十餘

穴法心法

簡且便哉

可因時利導苟能體用兩字隨在各得亦能發福豈不

舉趾追踪遙望卽可指點頓足便可立穴無論貧富悉

節一鈎一搭易見易覓隨地可作不煩往復留連不勞

之爲貴會局之爲尊變體之爲奇一以使人知一枝一

矣故于枝結之次復集鈎結爲一格一以使人知幹結

平戶之家求之甚苦勢必稽遲歲月一失機會葬無日

年兼綜條貫闡為十有餘法曰展窩曰開鉗曰垂乳曰
拋突曰飛邊曰吐唇曰騎龍曰斬關曰合襟曰掛角曰
天池曰石巧其名目雖有類乎山法而指歸實專論夫
平陽故曰穴法折角鄙衷由于閱歷方始布圖立說援
據引證以相發明但世之講求斯理者共曉平陽穴法
有如是之形象如是之星體如是之變化如是之徵應
學者誠能操此要領守約該博則山龍平陽之穴法從
可破的矣再進而參之以心法上山下水之趨避直達
補救之元機則葬乘生氣及察血脉認來龍對三叉細

可久堂

認踪之旨果能瞭然心目洞若觀火如是則心法眼法

自可造乎其極矣

展窩穴說

山龍結穴有窩平洋亦有窩此皆太陽之氣所化而成

其來龍必然陰落所以展開陽面以納之也窩有開口

藏口深淺濶狹大小長短邊併缺角湊口之不同總而

言之必須窩中微吐弦唇太陽而吐露少陰之氣者結

穴方眞此蓋陰陽交度而生生不息之機也若竟展開

局面如乂口如缺環並無弦唇吐露者謂之虛窩又名

空窩無氣有水不可立穴

開口窩

藏口窩

開二窩

淺窩

淺高
取內外堂
局故翻
身逆作

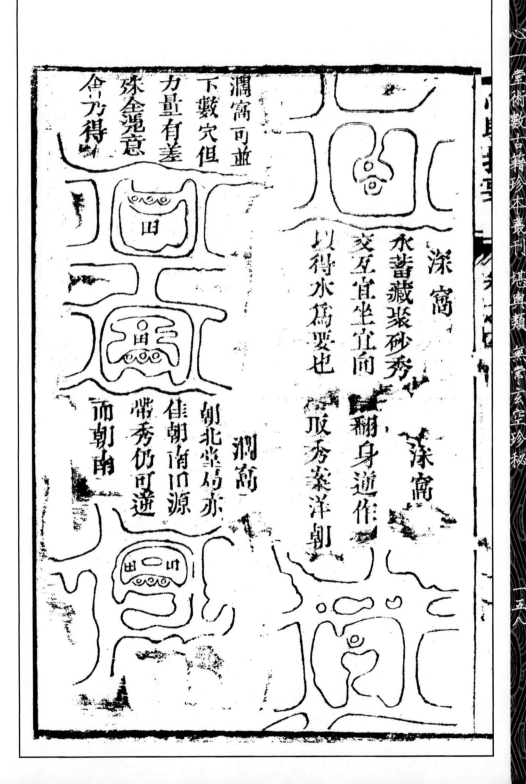

深窩

深窩

水蓄藏裹砂秀
交互宜坐宜向
以得水為要也
翻身逆作
頂收秀案洋朝

澗窩可並
下數穴但
力量有差
殊全愜意
全乃得矣

澗窩

朝北堂局亦
佳朝南此源
常秀仍可逆
而朝南

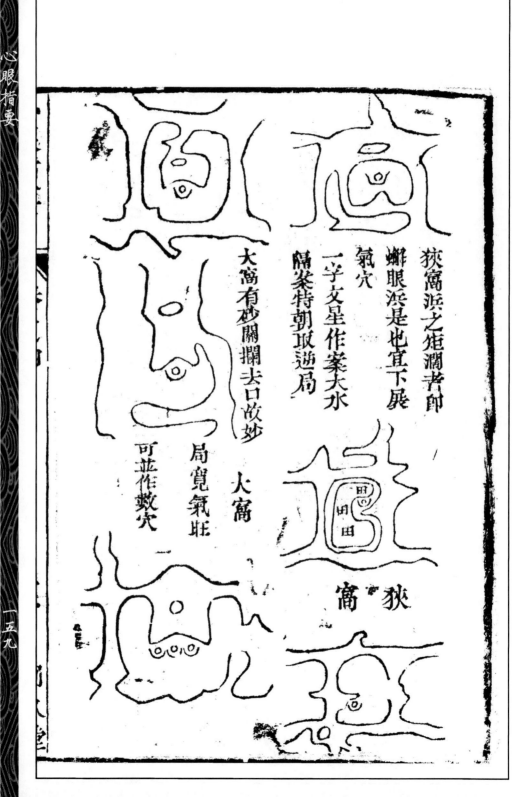

狹窩浜之矩潤者即
蟬眼浜是也宜下展
氣穴
一字文星作案大水
隔案特朝取逆局

大窩有砂關攔去口故妙
局覺氣旺
可並作數穴

大窩

窩狹

放故佳
窩長有束
長窩

小窩

窩長直賴有
星砂羅列、
長窩

小窩

並窩

短窩

三式皆邊窩

缺角窩

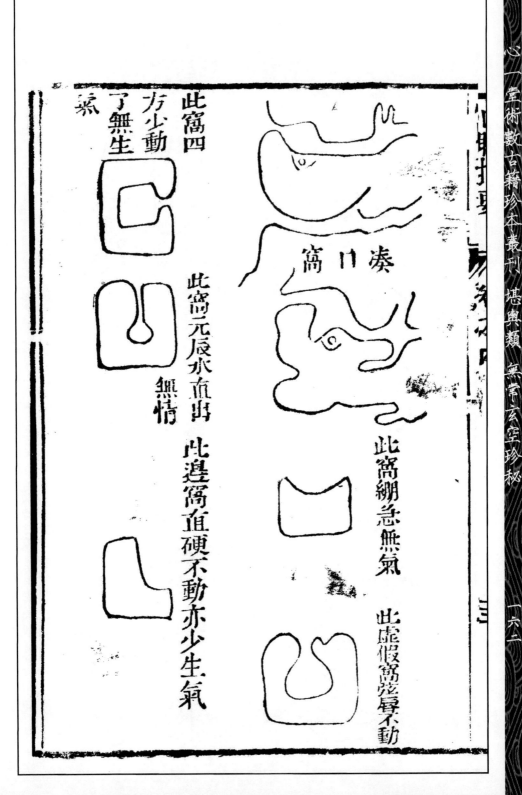

此窩四方少動了無生氣

湊口窩

此窩元辰水直射無情

此窩繃急無氣

此邊窩直硬不動亦少生氣

此虛假窩弦唇不動

藏口窩穴說

藏口窩亦名展氣穴嘉興屠氏近作朝南立局後坐濃
浜名為反捔下砂交抱澆水逆流外般一砂更合貴人
特媾故此發貴凡遇此等小窩要浜頭瀾大方能蓄氣
水深為旺清澈為秀曲者為藏直者為露露者要瀾短

藏者要長結穴之處則面正佐之砂要秀麗精神要煥

發自然聲價十倍

開鉗乳突穴說

垂乳之結則左右之砂必環抱包裹其體必圓活類多

金體若夫鉗局則左右之浜必勁直左右之砂不過拱
夾兩旁而止不復向前兜抱中間星體必然方正類多
平面土星至于鉗之變化則有長短曲直分行交合重
蠶了义參差瀾狹交互織結排揮雙枝之不同長者用
穿法短者點氣口曲者下曲逆直而長者無氣多不結
不可立穴雙關或双穿單關必單穿惟織結交合者及
合角重叠者最佳乘氣或單或双格局不一了义者有
唇口吐乳參差者收一放一瀾狹者取勢交互者下闢
筌織結者審局雙枝者有正有偏有獨有分所忌者斜

牽反背最為凶格須要審其來龍察其穴情看其形勢

加之以吞吐饒減浮沉伸縮之法不出陰陽交媾之情

動靜生生之理務在避其陰而趨其陽斯得之矣

拋突穴說

突者即凹凸之凸拋者即閃跡拋踪之拋也世人不曉

平龍之訣誤以一突為奇之說徃徃見平田之上及湖

池漾蕩之中高起孤墩皆以為突孰知此乃看山之法

非平陽法也要知平陽與山龍理雖一致看法不同一致

者龍穴砂水性情行度無異也不同者山龍豎體故看

高低起伏之勢平陽之龍眠倒平鋪如平看畫圖其勢

平行枝脚橈棹皆是蔓生須周遊尋討看龍砂之收放

往前結穴者即謂拋突此因术龍氣勢坯相不肯頓住

故又拋一脉不賴术身砂頭包裹竟自奔往向前結成

星體或嵌入大河或撞入對岍反以外應客沙爲包裹護

衞者謂之拋突其體之變化者或爲拋或爲門或正面

或側面有大小有長短或仰或掛或方或圓有顯露有

藏伏或現官星或帶貴曜更有夾耳夾照鬼托襯貼以

及節芭荷葉金盆棋盤兼并排揷種種不一總而言之

要看來龍行度何如結局何如到頭求放氣勢何如再
兼用法得不得而後定其優劣此

鉗局

鉗局山

有田源
可取則
就之

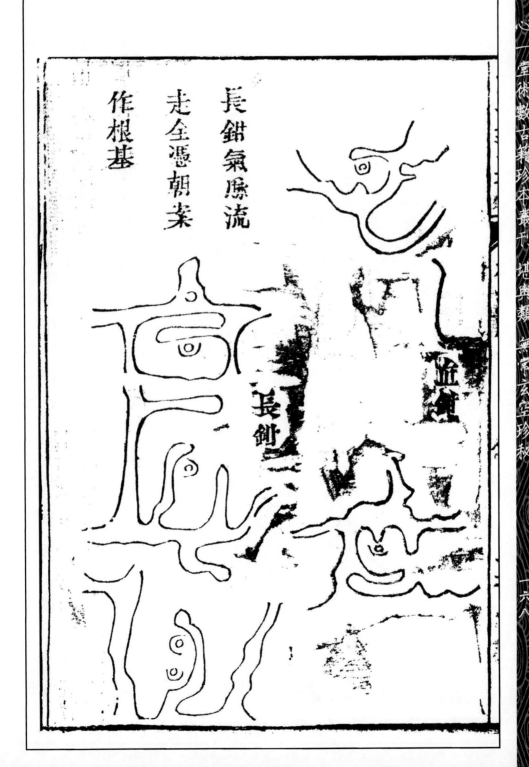

長鉗氣㴚流

走全憑朝案

作根基

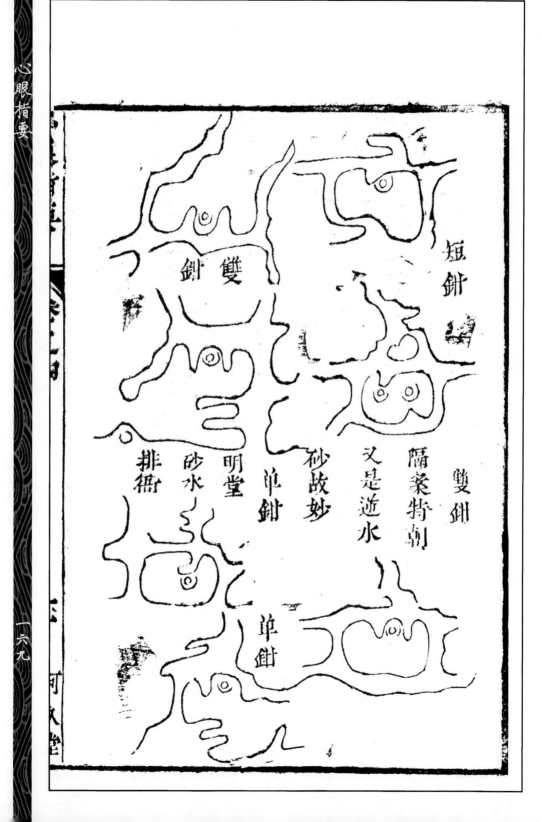

短釺

雙釺

雙釺

隔案特朝

又是逆水

砂故妙

單釺

明堂

砂水

排衙

單釺

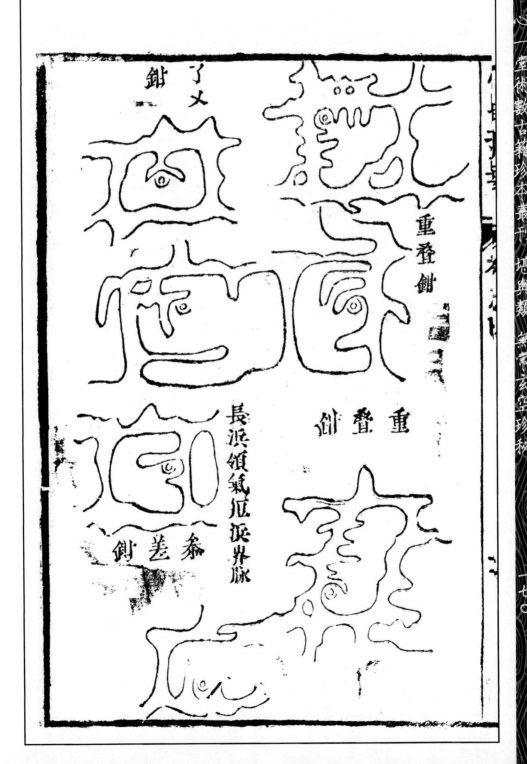

鉗
了乂

重叠鉗

重叠鉗

長浜領氣匝浜界脉

秦差鉗

単　鉗

前有官砂列　分鉗所結不過丁財

秀故橫作以

收之

穴法仰承逆取迎其勢也

用

穴法倒掛亦逆
迎其勢也

鉗　合

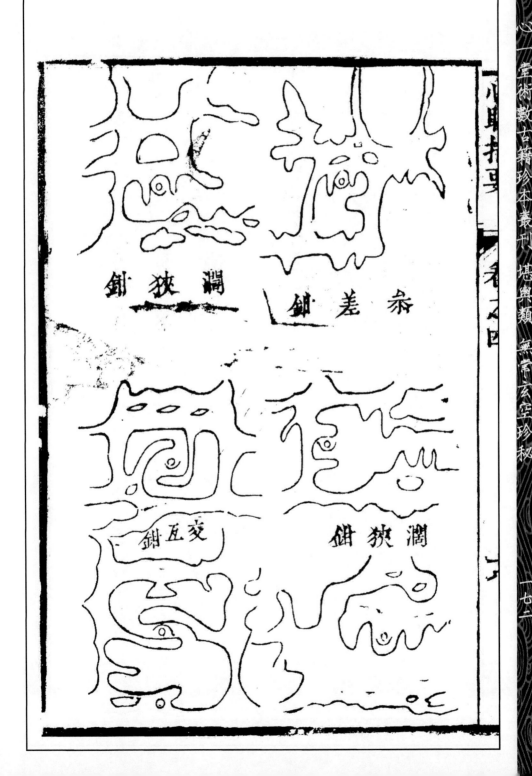

闊狹鉗

赤差鉗

交互鉗

闊狹鉗

織結鉗

鉗揮排

鉗揮排

織結鉗

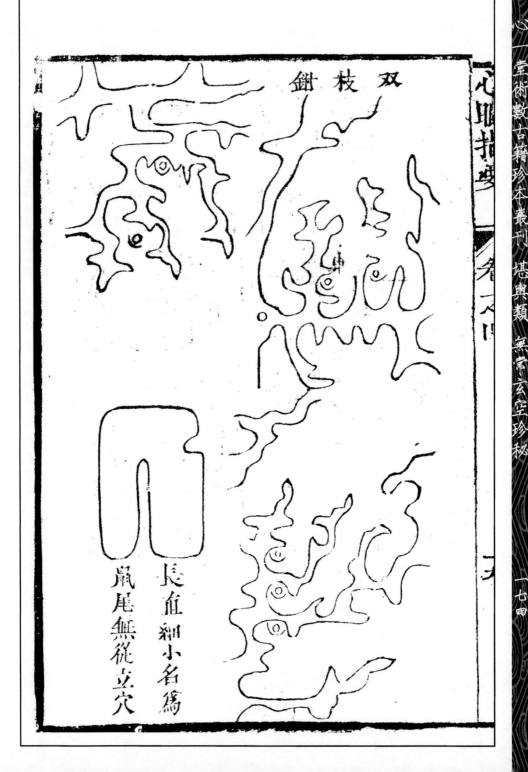

長血細小名為

鼠尾無從立穴

口大頭尖
名為釘頭
無氣

血傾無情

聚不牽針

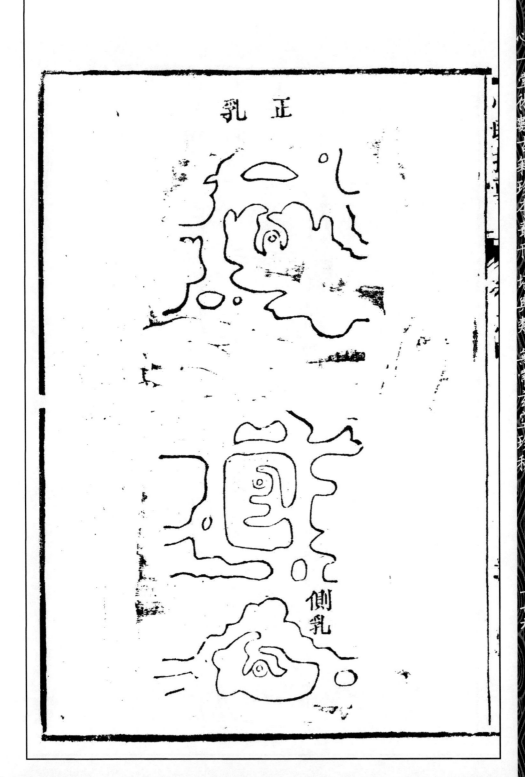

正乳

側乳

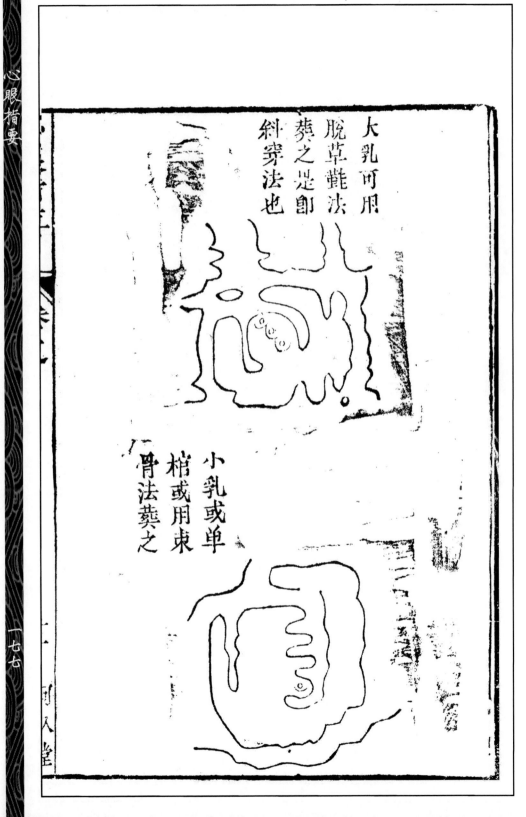

大乳可用
脫草鞋法
葬之是即
斜穿法也

小乳或單
棺或用束
骨法葬之

方乳內方外圓此爲乳

長乳須
憑照應

圓乳

長乳求
其動處

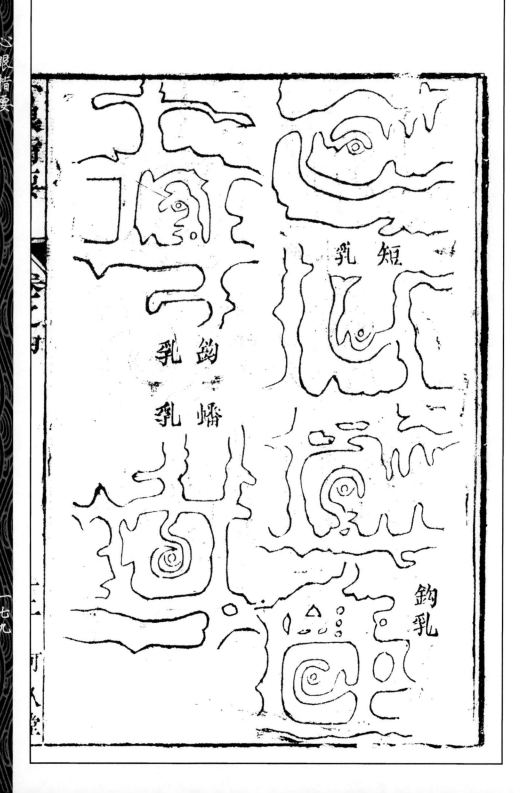

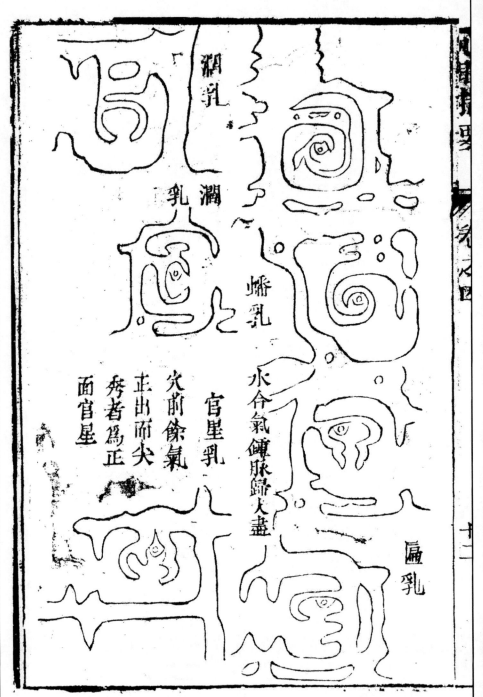

潤乳

潤乳

嫩乳

水合氣歛脉歸大盡

官星乳

穴前餘氣
正出所尖
秀者爲正
面官星

偏乳

官星乳

穴前餘氣側出
而尖秀者為側
而官星

顯露乳

轉換乳

貴耀乳

穴星左右有餘氣吐
而尖秀者為貴曜

此即大金剝小金

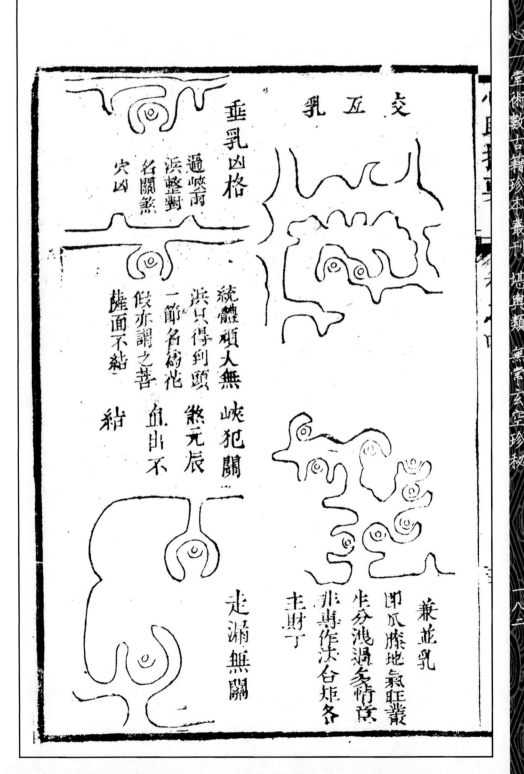

交五乳

垂乳凶格

過峽兩
浜整對
名關煞
穴凶

統體頑大無峽犯關
浜只得到頭煞元辰
一節名藏花血出不
假亦謂之善
薩面不結

結

走滿無關

兼孤乳
即瓜藤地氣旺叢
生分鴻過多憒薄
非專作洪台炬各
主財丁

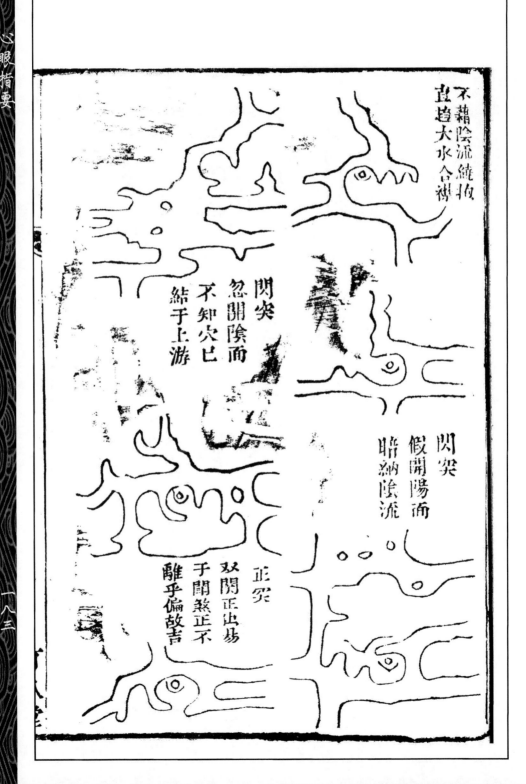

不藉陰流繞抱
直趨大水合裡

閃突
忽開陰而
不知穴已
結于上游

閃突
假開陽而
暗納陰流

正突
雙開正出場
于聞煞正不
離乎偏故吉

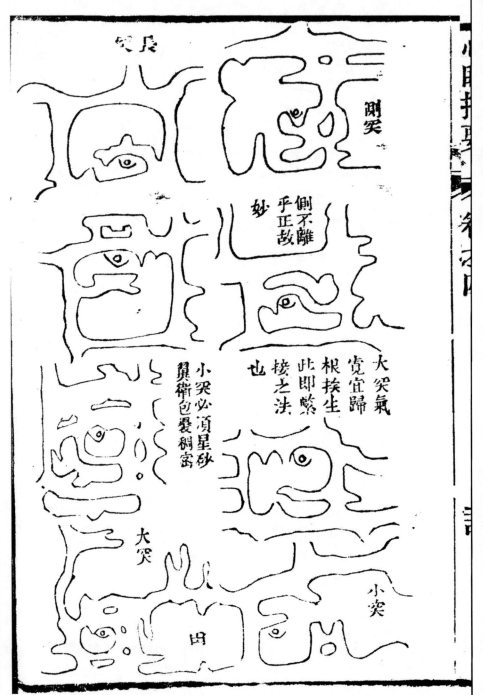

長突
水木行龍木
星結穴不迌
長直宜用斜
穿

突　短

側突

長突
水木本是相生太長則
仍帶刦互用斬截之法
梁之

方突貴
乎循脈

田
田用
用
田

掛突

方中仍帶圓
勢有上金并
坐之象故謂
之突若竟方
則入餅局

動來須必突圓

田
田用
用

官星裝

砂從穴前正
出尖秀向前
迎水者為正
官星裝

土金並星宜換全取穴

顯露裝

天金剝小金

官星裝

砂從穴前側出
尖秀向前竪起
者為側面官星

藏伏裝

外大幹水護龍內小枝荒繞穴者是

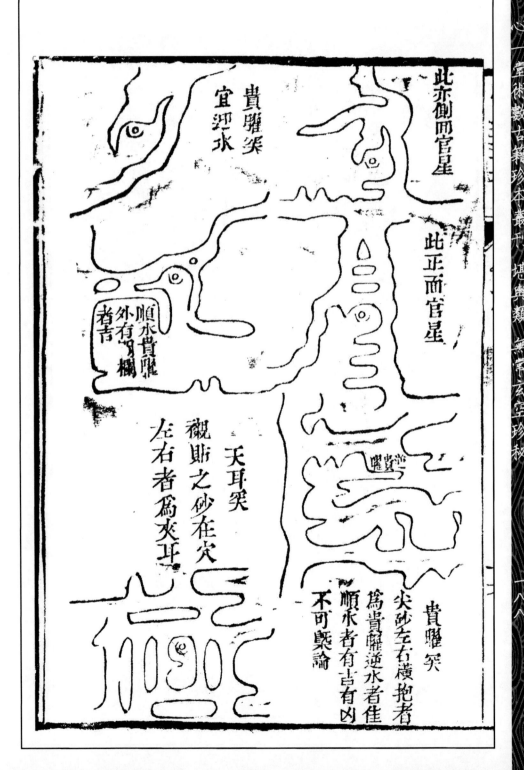

此亦側而官星

貴曜突
宜迎水

此正而官星

順水貴曜
外有石欄
者吉

天耳突

視斯之砂在穴
左右者爲夾耳

貴曜突
尖砂左右橫抱者
爲貴曜逆水者佳
順水者有吉有凶
不可槩論

夾照穴

視貼之砂在穴

前後者謂之夾

照

視貼穴

視即托也此是

叠托栳

托

托

托

節包穴

前官後鬼散凡後應連
穴星者謂之鬼此鬼星
名目甚多木及砂且此
是雉車鬼栳

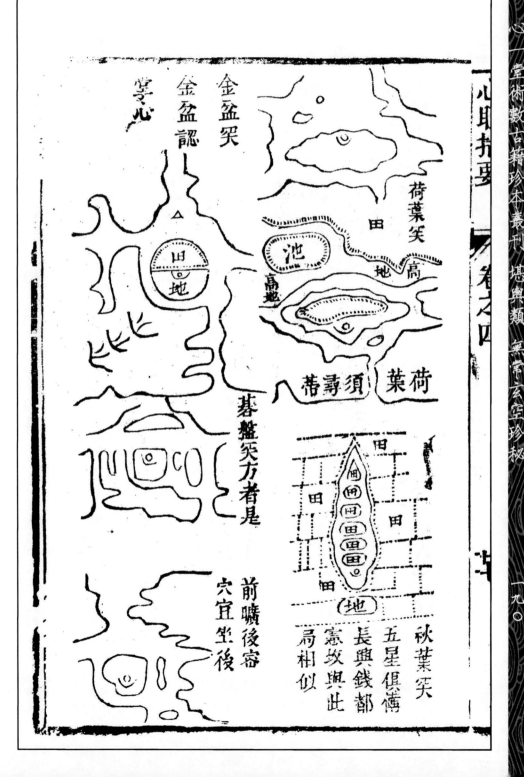

堂心

金盆認

金盆突

金盆突

荷葉突

池

田　　高地

高地

田地

碁盤突方者是

荷　葉　須　尋　蔕

前曠後窄
穴宜坐後

田

田田

田田田

田田田田

田

田

地

秋葉突

五星俱傳

長興錢都

憲故與此

局相似

金盤笑

梧葉笑

吐唇穴說

吐唇之穴大舉結于水土平面之間者居多但吐唇有

形而兼有象或如新月如蛾眉如眠弓悉有吐露之形

故謂之吐唇其氣則息而微生機磅礴穴情類多金體

其體有正出有側出又有大小濶狹長短之不同其立

穴必須看其吐露之精神在左在右又要審龍神之有

無生死再察四應之有情無情以爲準則耳

大吐弦唇

正北弦唇

唇弦澗區

欹側吐唇

田

田

唇弦澗區

飛邊穴說

龍飛走邊隱現莫測無脣乳可名無狀可象故曰飛邊然也

則必有根蒂可據照應之足憑而後能飛此等地面人

首本屬沿邊全賴來龍奇貴蓋帳森嚴砂頭簇擁水法

玲瓏然後相其動處而下之則無有不合矩者矣其變

幻則有朝拱夾照活動流走諸象但格局之貴賤在人

自爲取裁

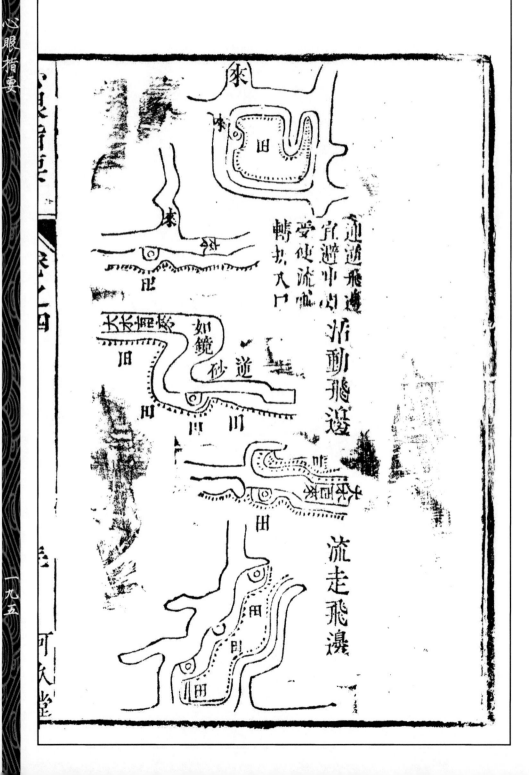

來

田

來
砂

田

逆遶飛邊
宜避中山
受使流哦
轉抉入口

迸動飛邊

如鏡
砂逆

田

田
田

田

田

田

流走飛邊

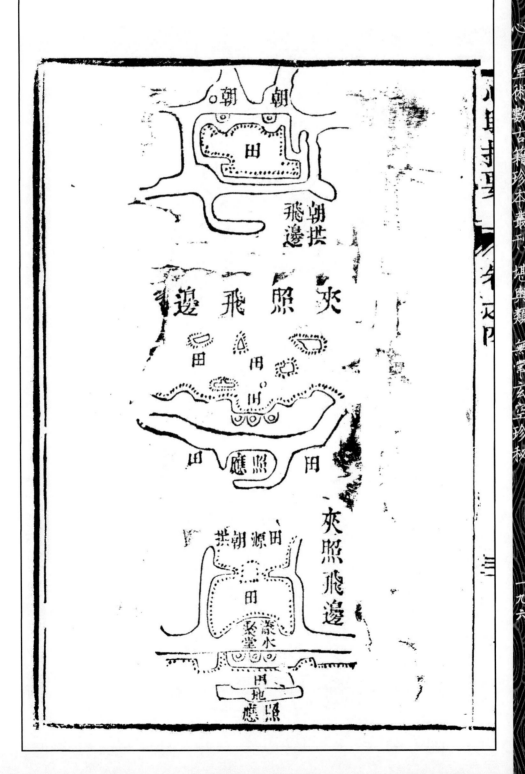

順騎餘氣作勢堂局
在前故當正貫正乘

側騎餘氣朧腫堂局在後故當回
頭顧祖

騎龍穴說

穴結於腰腹故謂之騎然騎有順騎倒騎逆騎橫騎之

別騎龍難得真結必前迎後送左右界方見正結騎

龍之穴必兩頭束峽中間開帳而有凶地自成星體方

為真穴又須審龍身交合之多寡精神氣勢之衰旺權

其優劣以為棄取耳

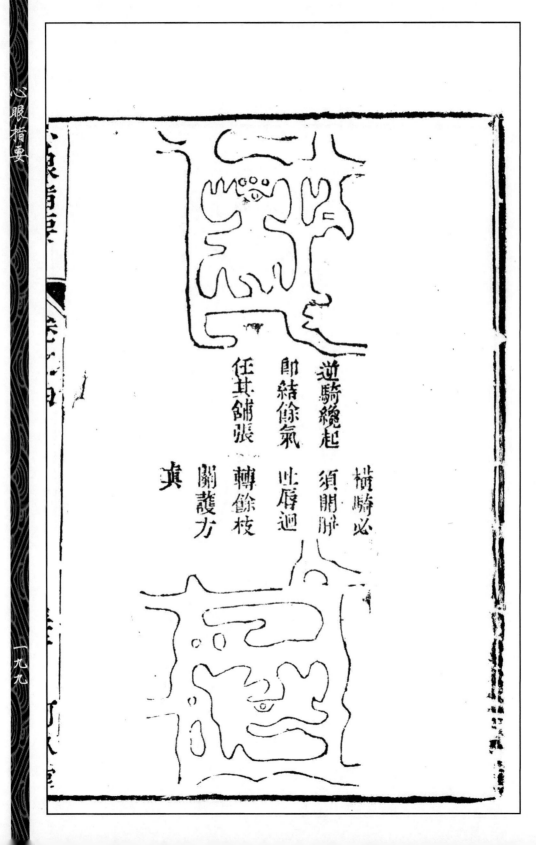

逆騎纔起　橫騎必
卽結餘氣　須開脾
任其鋪張　吐唇迴
　真　　　轉餘枝
　　　　　關護方

狹小弦唇

狹小弦唇

斬關穴說

斬關之局以生旺之氣全在峽中也如大幹來龍浩浩
一片行到中間忽然挿入兜浜束馬過峽其氣必從峽
中束放而行過峽之後如復浩浩頑如前地則其氣又
散而不結定知此間旺氣全在峽中猶諸關津要路來
往必由故曰斬關斬關者必兩頭極其散漫中間束峽
甚緊與騎龍之兩頭束峽中間開帳者為的然峽必緊
束得勢為貴又必須有穴情可下有堂氣可收者方真

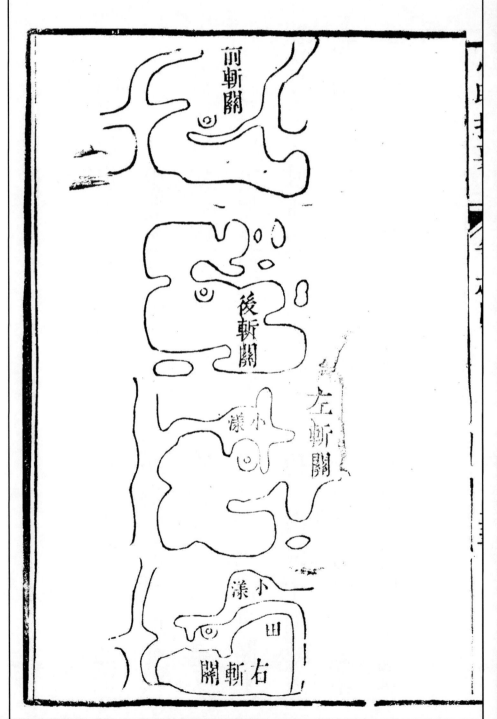

合襟穴法

穴有結于合襟之處者是即水合氣鍾之義即青囊天

玉三義城門之謂也如龍有關束婉蜒得勢穴有結于

陰流小界中者或竟結于陽流交合中者或一邊通河

或一邊浜兜結于陰陽交度之中者總要觀其來應相

其行度或順或逆曲則生動則旺旹能融結妙穴若平

直呆板落脈不清轉關不密縱有合襟必是過渡假局

耳

天池穴法

池水似泉非泉自然靜深有澄蓄可愛之致殊非人力所
能爲者故曰天池此等結局大率出于頑厚高地之中
者居多不必問其龍自何來其要有穴情爲主其地有
大小順逆夾緊變幻朝拱之異撼以活動者爲作須看
何處一邊有弦唇吐露朝向池內者便是穴情然後審
其堂局之在前在後照應何方或順作或逆取或坐或
向無所不可但下穴必須飛邊近水則眞氣始聚池小
者距水二三十步大者或四五十步須審度斟酌未可
盡拘統而論之必要水法清深地土堅厚土色滎潤更

得秀砂照應遠峯列秀主富貴綿遠此等地面大率孤

陰不化一週靈動即是陽元始生之氣即是動氣即便

結穴

近水穴法

近水作穴謂之護水其法不一或因其真氣於水際住

歇而穴宜近水或因其砂水有情可收而穴宜近水或

因其龍水一家合局而穴宜近水堂水細流而曲繞則

近前堂水濶大而蕩週則近後近左者要左砂之逆抱

近右者要右水之迴環變態萬殊總以藏納爲主聚氣

為先靈動為生向則審機觀變或俯或坐或向隨局而

布總以得水為要也全在圓融裁酌心領神會斯得之

矣

砂水變幻總說

龍穴既已發明砂水豈可不辨然砂水亦甚變化而難

窮今遍証名墓會通其概定為十有餘格曰漾水聚堂

曰眾水聚局曰來去水城曰砂水逆纏曰似水兜收曰

入口朝堂曰張湖食水曰逆水結局曰順水結局曰坐

水結局其間言水而不言砂者砂在其中矣言砂而不

言水者水亦在其中矣砂不離乎水水不離乎砂故分
而言之者立其體也合而言之者廣其用也其體其用
合而分分而合者也各立圖說以相引證若夫砂之枝
脚橈棹帳蓋襯托官星賞耀捍門華表文筆三台獻花
展誥玉几橫琴如珠如印如節如圭以為朝對龍虎排
衙鴛班鵠立旗鼓輔弼以為拱夾天樞地軸日月獅象
龜蛇以為前後關欄水之大幹小枝陰流陽流隨從迎
送轉激縈繞衛護養陰關收蓄積橫欄特朝榆情傍拱
以為証佐以為照應此皆砂水之顯露嶷然照著隨在

何久堂

而有者也然恐雜而難稽因復兼綜其式彙附其端以

資博採云

、漾水聚堂

水貴聚而不散蓄而不溢江湖溪漾之旁立穴散而溢

者無取聚而蓄者可用然必小界開收陰流會合爲要

若大水注洋內無小界外無砂蔽名爲癡蕩則其穴爲

蕩胸爲瀑面蓋勢大無關不能承受陰陽不交無所取

裁然亦有水大無蓋砂而結地者穴必真的用必盡善

又須察水神之情狀可否而後所點如水法散漫登穴

忽然收小如盛盆盎中者爲佳或有遠看歪斜登穴圖

明如鏡或環拱如帶無復歪斜之狀者便可方知此水

爲我而設更兼用法合宜有發禍無休無歇者也○湖

州蔣婆宋飛濤祖墓地名顧家蕩屬烏程境朝南出面

開鉗結穴癸山丁向而臨大漾蓄聚圓明發財丁小秀

康熙乙丑年飛濤葬父請宜興地師程姓號我滋附葬

昭位立亥山已向挨加壬丙課云秀才出去狀元歸又

曰登科卽狀元也應在乙酉飛濤卽於是科中式

水城要下手得情得勢

平陽水法貴來路多而去路少蓋來路多則氣有所鍾

去口少則氣無分洩然而有去斯有來去少則來亦少

去多則來亦多斯亦理勢所必然者也故往往有三四

路水來朝合隨分三四個去口者驗諸名墓儘有融結

上地但來多貴聚去多貴蓄來口不宜順窺去口須要

砂關下手并要得情得勢天門浩蕩似無源去口關攔

須緊閉斯得之矣

　砂水須逆纏

衆水超超順下忽見一水兩水逆流而上或屈曲數節

或獨繞一圩此中必結土地蓋行龍至此必須下流圓

曲去口緊關或大水橫攔大圩抵柱關激其氣不使竟

走砂關水會便可安阡下得吉向福蔭必宏卽四三二

一亦謂之逆纒

砂水要兜收

前格論砂水逆纒此格辨砂水兜收然水纒卽是砂纒

砂纒便是水兜何用區分不知逆纒之取用在于水神

兜收止蓄之處裁之始不致悮

入口須求屈曲來朝

朝堂之水須轉折入口為佳故曰九曲入明堂卽轉折

之謂也蓋有轉折則不衝射而氣與水有相迎相接之

情來要之元去要屈曲如當面特朝須要短濶龍水旣

合再察水裏龍神得失以為棄取耳

張潮食水

食水者收入元竅之中也如沿江近海之處六時潮來

六時潮落來口卽是去口去口卽是來口氣機鼓動連

行不息與遊魂之來往無定者有異潮水之地往來一

定潮來為客潮落為主控制山川打動龍神全憑理氣

山上水裏天機消納體用不可偏廢非獨潮水如是即

水龍平洋皆宜如是方是體得其體用得其用矣

倚水立穴

氣為水之母水為氣之子氣行則水行水來則氣來故

曰水夾龍行龍隨水轉益謂氣行地中無形可見故必

觀水之來去順逆以為龍之行止者理之常也然又必

相地之形勢又必相形勢之轉變又必相傳變之順逆

以為行止而不沾沾以水之來去順逆為行止者也是

故有水自此來龍自南來水自西來龍自東至會為逆

水之潟可見龍之變化難量水之行度無方錯綜交互

神鬼莫測學者更可從此而益窮其微妙矣

穴貴專結

專結者不待會局而成者也行龍至此如脫穎而出猶

夫蚌珠碩菓獨顯精華洵亦川源靈氣所鍾力量實與

會局等也特其四應類多頑厚與會局之脫卸成團者

稍覺有異耳

漾蕩偷結須求真

水鄉澤國之區大漾大澤之藪每有蘆葦叢生砂洲錯

處令人眩目惑心無從捉摸儘有奇踪妙結雜出其間

出人意想之外初看似無細覓方見謂之偷結此等局

叚護從必多沙水必極玲瓏莽得真穴立得吉向與幹

結等也

漾蕩閃結宜藏

水郷之處如遇大河大漾浩瀚瀰漫洪流奔逐此中亦

時有真龍棲泊特以水勢張大往往閃落避其飄刼如

泊岸浮牌之類大率依傍圩岸取其隈藏必以一二陰

砂蔽穴為關攔為証佐者結穴方真合得上乘亦至穩

至安而裕後昆也

諸般貴在氣真穴的

奇形怪穴世所驚詫在道眼視之則無奇不正其所以

然者無非因氣審形因形察氣氣不離乎形形不離乎

氣學者苟能研窮形氣妙合之由舉一反三何難得心

眼二法之三昧哉

　會局成垣須察氣勢

江湖漾澤之藪若見砂水簇湧如五花八門眩目惑心

者其中必有融結務須尋其入路探其消息如見前後

左右之砂雙雙朝抱拱伏明堂中間又得小砂小水獻

秀呈奇爲案爲朝外勢又重關疊鎖爲照爲應或數里

者更當尋其來踪觀其行度究其止息窮其變化而後

眞意始出力量始見夫然後再察其結何形體成何星

象合何垣局一一按索果能與天星暗合毫無勉強則

知氣化形生而爲奇局中第一等大地矣葬法合矩必

發大族而世出公卿取魁元而登宰輔眞易易耳

田源墩阜必要來情

平陽以一突爲奇昔人之言辭不達意世俗不解遂訶

平地平田之中池湖漾蕩之內高起孤墩皆以爲笑因
而指點豈知孤墩純陰不化葬之必絕凶惡豈可言耶
要知笑字之義當作窩鉗乳笑平洋遇之亦是眼
倒平鋪但左衝右笑奔往向前結成星面者即爲之笑
也鋪毡吐唇之類此是正格如山下平陽來有踪去有
跡起有頂伏有斷者必須斷續牽連壘如貫珠或如三
台七星落地梅花及眾星拱月羣雁賓鴻之類揔要簇
擁成局眾砂環繞搭護有情則不孤露而眞氣始聚此
等局面近山處多出平原之上惟水鄉澤國多在田野

中相得眞穴看眞來情亦主蔭育賢才以昌世業

池塘砂坝須求龍眞穴雜

格之變體至于蕩坝而止矣浪打風吹粗爲摩盪結爲

砂埂砂洲是以至剛之勢而成至柔之質氣機相感懸

久而愈顯其精神或成形象更有浩瀚瀰漫逐浪隨波

盡屬洲渚一如鷗鳥之浮沉者此皆天成之局也亦有

開瀦爲魚池有多至于百爲伍沿邊地坝滋漫似瓜籐

牽連若亂絲者雖人力所致出於無心者之所爲偶合

夫天機者也此等地面認彼來情相其形局果是龍眞

巽集

卷之□

可久堂

穴確福蔭儘有與諸格相等是在觀其變而通之斯得
之矣

石骨証佐必須靈巧

平陽間有石骨散見于結穴之前後為證佐者如真氣
脫卸出洋每多石骨果能氣止水交石骨靈巧如頑石
必是過龍再兼用法合吉必產異敏奇才文章經國中
格之局亦發科名因集石骨証佐為一格

疑難點穴必須心領神會

穴之名目雖多各有星體故點穴自有矩度無待疑似

乃間有出人意想點于若連若離之間可解不可解之

際居然發越此乃疑穴殆非高手不能初學者苟能細

細窮究其體用之精微尚有取法乎上僅得乎中之概

況行險徼倖冀中萬一庸可法乎初學好異喜新一失

其肯如隔天淵善學者貴虛心應物心領神會如是方

知望勢尋龍易須知點穴難

點穴定向須得元微

上乘之結星體顯然穴情易定中下之結星體隱拙穴

情難明于是察其情揣其形再參詳其用法之得失貴

乎度其情審其機會其意而通之然後立穴或偏或閃

在前在後或向或坐恍惚不可爲象令人乍見疑其異

細細玩索而得其旨者乃作法之元微誠哉其元微也

枯老難榮

寵老則枯殺機伏也嫩則榮生機萌也葬乘生氣故巳

老而喜嫩若行踪板實關界不清到頭瀾大入首模糊

胸襟褊窄不開堂局或源流乾涸或地土沮洳或居亂

塚之中或在瓦礫之場生意消亡殺機潛伏則其神必

濁其色必瘁非犯剛暴卽犯陰褻摠謂之枯老若誤葬

之生新凶消舊福與童斷石過獨等也

似是全非

事物之理是非昭然而乃有似是而非者惟地理之法
更甚如黃泉八殺雙山三合四經小元空納甲撥沙之
類不勝枚舉種種偽法都是後人所造似是全非

裁成補救

穴有就局之法蓋以地勢濶大龍神散漫無穴可定必
須察其情形稍露頭角之所及照應有情之處體裁酌
量相度權衡然後扞點謂之裁裁者相度之謂也並非

掘鑿開填乃謂之裁也如是凡遇鄉民編戶無力覓地

可以隨方指引合得生機再能兼貪兼輔亦能蔭育賢

才以昌世業此誠方便法門不可不通曉地

山向得失

前章論體此節言用語云有絕向無絕地然則山向之

旨可不深究平青囊天玉理氣之法門也曰一卦通管

三卦曰倒地翻天關天關地曰衰旺生死是理氣之功

用也但天心所秘造物所忌故傳書不傳訣傳訣不傳

書艮有以也世之談理氣者多得訣者少故爲人立向

角多列錯此乃不識挨星之咎也故曰有人識得挨星

學朝是凡夫暮是仙

砂水宜辨情性

砂水者龍穴之證佐也故審龍穴以立其體必察砂水

以神其用每見龍穴平常砂水警拔而兼有情顧穴亦

能發福龍穴雖好砂水無情必遭凶禍故砂水不可不

察也明矣

須防暗煞

煞有剛柔明暗剛煞明煞其跡顯然人所易檢柔煞暗

煞其跡隱微人不及防如誤認以客棺爲橫琴浮尸爲

遊魚屠刀爲牙刀反刼爲關峽衝射爲朝拱之類皆謂

之柔暗而不及防者孰知禍不旋踵爲害非輕

明凶尤忌

暗煞固當細察明凶尤宜詳辨故凡瓦礫亂塚靈壇舊

墓及窑竈戰塲等等生氣消亡煞氣潛伏謂之病龍又

謂之明凶縱使來勢清巧穴情秀美已犯明凶苟貪形

局忘其殘暴神靈不安灾害立至愼勿誤葬也

愼思妄改

結穴之地各其天然之局即有自然之向是在得訣明
師善體此理以道達其形勢之性情耳究何嘗有強彼
山川之性情以自遂其偏僻之意見可然則師亦逆市
庸流則不但不明理氣而且并不知有形體往往胸馳
臆見無知妄作任我施為然妄作者終歸誤謬任吾者
必出乎怪誕故予每見芒然無氣之地東開西鑿南填
北塞做出形局惑亂世趨眩曜一時終當敗絕此因不
學無術之所為生東愁然憤然而不察斯亦氣數所關
因緣所致姑無論已甚至有安葬已久已經發福一旦

誤聽庸流蠻將砂水龍穴曲意更張希圖厚蔭翻成凶

禍諸如此類皆不可不知所傾也如嘉興包銓部名鴻

遂葬高祖地地名五環洞右旋卯龍以首朝南出面本

體大圩包裹有情小圩作案穴情覽大故近前就峽乘

卯氣立癸山丁向內堂水從西南側入收庚水到堂至

巽口葬後父子同登科甲蟬聯四代財祿大旺後聽庸

師謂庚丁坤上是黃泉反云宜去不宜來塡塞內堂庚

方來水隨損數丁居官者亦失職因開改如舊然氣脉

受傷為官不壽客死他鄉財祿漸退可為妄改者戒又

嘉興卯主政名履嘉祖地龍從西來轉面朝南乘辛河

丙收丁水到堂流神曲動地氣生旺急欲求孫後凶葬

父穴後開浜既傷龍氣又開斷青龍案砂靠真穴𥄂傷

立丙向收丙水到堂葬後非但求孫还得且不數年父

子俱喪可為開鑿者戒

修墳當究元機

元機者葬時五行得失之元機也考其山向按其龍穴

察其沙水再察興敗之年月何年興何年敗一一辨清

再究其山上水裏可修不可修可修者然後斟酌修理

河八堂

或將山向更改或將塚上土重堆一或立碑記或開或
塞總要在五行生旺之方也修着之時自然發福若不
明此道誤聽庸師輕舉妄動未見其吉先羅于禍故古
墳舊墓宜修而不易修也

切戒遷徙

凡人子葬親當豫為一成不動之計不可輕率既葬又
遷今有輕信人言或為富貴動其念或為禍患惕其喪
往往輕率改葬然改葬一事果有水蟻內砂惡水為患
以致丁少財退改無不可然恐又為庸師所惑誤改者

禍不旋踵可不慎哉古人論遷葬謂人丁蕃衍者不遷

年代深遠者不遷家訏平康者不遷又曰有迴蛇生氣

之物見於墳所其氣必煖不遷茜藤靈芝布塘內外祥

瑞之徵不遷樹木鬱蔥松毯瑤草紛披吉氣所鍾不遷

凡此之論總欲為人子者慎重其事遷豈易言哉豈易

言哉

接墳宜善

故家世族必有發詳名墓垂蔭若接墳而暴不但減力

且必致凌替故往往有鐘鳴鼎食之家誤聽庸師任心

假局一敗如灰此青烏經所謂生新而消舊福然則接

墳扁可不擇善地乎

心眼指要卷之四終

咸豐丙辰秋偶於殘編中得先大父遺稿曰陰陽二宅

錄驗繪圖詳明言之鑒鑒顧其所梓行地理辨正直解

天元五歌闡義心眼指要等書則又語多隱奧常以天

律有禁爲可畏　咸惑之既而遺稿盡毀於兵燹而是板

尚存于以知大父當日握筆立言欲秘而不忍欲顯而

不敢者艮有以也先是大父往來大江南北三十年世

家大族所在延請者甚夥然必視其人素行善而指點

之否則雖幣常重金多辭不往也與其書中所云不敢洩

世天機者將毋同耶由是觀之相其陰陽常卽天理之

二三三

可久堂

惠士卜逆凶潛心參究古語云造化大權非淺學所能窺

弄高科魏甲豈薄德所可強求先大夫此苑三覆斯言

歟同治癸酉夏四月孫品咸謹跋